工作这么干，团队这样带

反直觉的43个管理原则

[日] 吉田幸弘 —— 著　叶瑜 —— 译

リーダーの「やってはいけない」

机械工业出版社
China Machine Press

图书在版编目（CIP）数据

工作这么干，团队这样带：反直觉的43个管理原则 /（日）吉田幸弘著；叶瑜译. -- 北京：机械工业出版社，2021.8
ISBN 978-7-111-68868-6

I. ①工… II. ①吉… ②叶… III. ①企业管理–研究 IV. ①F272

中国版本图书馆CIP数据核字（2021）第160942号

本书版权登记号：图字 01-2021-1990

LEADER NO "YATTE WA IKENAI"
Copyright © 2019 by Yukihiro YOSHIDA.
All rights reserved.
First original Japanese edition published by PHP Institute,Inc.,Japan.
Simplified Chinese translation rights arranged with PHP Institute,Inc. through Bardon Chinese Creative Agency Limited. This edition is authorized for sale in the People's Republic of China only, excluding Hong Kong, Macao SAR and Taiwan.
Simplified Chinese Translation Copyright © 2021 by China Machine Press.
No part of this book may be reproduced or transmitted in any form or by any means, electronic or mechanical, including photocopying, recording or any information storage and retrieval system, without permission, in writing, from the publisher.

本书中文简体字版由PHP Institute,Inc.通过Bardon Chinese Creative Agency Limited授权机械工业出版社在中华人民共和国境内（不包括香港、澳门特别行政区及台湾地区）独家出版发行。未经出版者书面许可，不得以任何方式抄袭、复制或节录本书中的任何部分。

工作这么干，团队这样带：反直觉的43个管理原则

出版发行：机械工业出版社（北京市西城区百万庄大街22号 邮政编码：100037）
责任编辑：孟宪勐　刘新艳
责任校对：殷　虹
印　　刷：三河市宏图印务有限公司
版　　次：2021年9月第1版第1次印刷
开　　本：147mm×210mm　1/32
印　　张：6.5
书　　号：ISBN 978-7-111-68868-6
定　　价：49.00元

客服电话：（010）88361066　88379833　68326294　　投稿热线：（010）88379007
华章网站：www.hzbook.com　　读者信箱：hzjg@hzbook.com

版权所有·侵权必究
封底无防伪标均为盗版　　本书法律顾问：北京大成律师事务所　韩光/邹晓东

序

"认真细致地制订计划。"

"让团队的全体成员追求零失误。"

"告诉下属'随时找我商量'。"

大概有的人会说:"上面这些都是领导者需要时刻注意的。"

如果我说上述行动实际只会带来负面效果,你大概会十分吃惊吧。

我每年针对经营者与中层管理干部,为全日本的企业及其他组织举办130多场关于培养下属的学习班与讲座。

正如你所看见的,**本文一开头列出的行为,正是我在教学过程中所见到的"无能的领导者"的共同特征。**

在领导者身上,除了上面列出的这些行为,类似"实际不应该做却容易出现"的行为还有许多。

然而,大多数领导者对此依然视若无睹,继续从事着这些"不应该做"的事情。

同时，我还意识到，有些行为虽然乍听起来令人错愕，却是能干的领导者共通的行为。比如，比照本文开头提到的例子，能干的领导者会：

"适当地制订计划。"

"主动打破'零失误'。"

"设置禁止下属找自己商量的时间段。"

这些行为看似与本文开头提到的相差不大，但一旦听到这些领导者这么做的理由，你就会忍不住发出"原来如此"的感叹——用一句话概括，这些行为全部在情理之中。

在这些能干领导者的带领下，团队充满活力，下属也纷纷自觉行动，主动成长。

本书用对比的形式介绍了领导者平时容易出现的不该有的行为，及猛然看上去脱离常识但其实行之有效的举措。

本书还列举了近年来职场环境的变化，这是导致领导者向"能干"与"无能"两极分化的原因。

或许在面对"80后"或比自己年长的下属时，你会感到一般的领导方法不奏效；或许你想静下心来好好培养下属，却分身乏术……

在现今这个年代，职场环境变化剧烈。我认为能干的领导者需要不停地钻研新的领导方法，以便培养下属，创造佳绩。

正因为这个原因，我们才需要追寻与时代发展相吻合的"领导力"，而这正是我撰写本书的目的。

在此请允许我详细介绍一下自己。

我现在每年举办130多场以培养下属为主题的学习班和讲座，但是这并不意味着我从一开始就是一位优秀的领导者。

在刚刚担任领导职务时，我曾因为与身边的下属缺乏沟通，而做出过一些在如今看来近似"职场暴力"的事情，结果遭到降职处分，而且不止一次，曾经被降职过三次。

不过，正因为被降级而感到懊恼，我开始废寝忘食地研究能干的领导者的行为举止，逐渐明白了"领导力原来是这么回事"。

于是，一切豁然开朗了。我连续三年当选公司的 MVP[一]，取得了出色的成绩。

回顾自身，以前我之所以受挫，是因为认为"领导者

[一] MVP：最有价值的成员。

应该有这样的举止",对怎样做领导者持有刻板印象。

过去我虽然身为领导者,却满脑子想的都是自己,完全不关心眼前的下属。那时候我每天都很苦恼,心想"为什么我这么努力,事情还是不顺利"。

但是,自从成为一位能够发挥作用的领导者后,我开始能够根据团队或下属的实际情况,采取一些超脱常识的做法,灵活处理问题。

如果你和过去的我一样,是一位正在为"为什么自己**很努力,却事事不顺**"而苦恼的领导者,希望你读一读这本书。

我有意在书中添加了大量浅显易懂、详细且实在的事例,所以,本书对于那些准领导者也将有所助益。

读了本书,或许人人都会为书中新颖的观点而吃惊。**不过,请按照"能干的领导者这么干"中所写的内容试一试**。每一条都是我精心挑选的、符合情理的"领导者工作心得",只要践行,你很快就会真切地感受到团队或下属的变化。

希望本书能为你成为更好的领导者提供营养。

目 录

序

第 1 章
领导者不该使用的"工作方法"

01 ❌ 即时回复邮件 4
　　 ⭕ 设置禁止处理邮件的时间

02 ❌ 细致地制订计划 8
　　 ⭕ 适当地制订计划

03 ❌ 满足于制定机制 12
　　 ⭕ 确认机制运作是否良好

04 ❌ 减少工作日志的填写项 16
　　 ⭕ 取消工作日志

第 2 章
领导者不应该采用的"培养下属的方法"

05 ✗ 成为团队中的"王牌投手"
　　 ○ 成为团队中的"救援投手" ……… 22

06 ✗ 把下属当作伙伴
　　 ○ 把下属当作客户 ……… 26

07 ✗ 用理论武装自己,以免败给下属
　　 ○ 假装不懂,向下属求教 ……… 30

08 ✗ 企图改变下属的意识
　　 ○ 改变下属的行为习惯 ……… 34

09 ✗ 基于人事部门的技能培训指南培养人才
　　 ○ 与下属共同思索专属于本人的技能培训指南 ……… 38

10 ✗ 纠正下属的缺点
　　 ○ 发挥下属的优点 ……… 42

11	❌ 只热衷于对客户搞营销	
	⭕ 重视对下属的"营销"	46

12	❌ 让二把手培养下属	
	⭕ 营造环境，帮助下属自动成长	50

第 3 章
领导者不应该采用的"交托工作的方法"

13	❌ 解读企业愿景，并向下属传达	
	⭕ 传达企业愿景时加上团队自身的愿景	56

14	❌ 告知下属从事某项工作的必要性	
	⭕ 告诉下属"为什么要将工作交给你做"	60

15	❌ 一厢情愿、事无巨细规定完成期限	
	⭕ 告知对方优先次序，共同思考完成期限	64

16	❌ 把下属能做的、不会出问题的工作交给下属	
	⭕ 时不时将有难度的工作交给下属	68

| 17 | ✗ 将一线工作全部交给下属 | 71 |
| | ◉ 把 10% 的一线工作留给自己 | |

| 18 | ✗ 追求"零失误" | 75 |
| | ◉ 主动打破"零失误" | |

| 19 | ✗ 固化 KPI | 79 |
| | ◉ 快速调整 KPI | |

| 20 | ✗ 任由下属屡次失败 | 83 |
| | ◉ 让下属尝到成功的滋味 | |

| 21 | ✗ 按照自己的生物钟行事 | 87 |
| | ◉ 掌握下属的生物钟 | |

第 4 章
领导者不应该采取的"沟通方式"

| 22 | ✗ 只发表积极言论 | 94 |
| | ◉ 负面话题也可以讨论得很热烈 | |

23	✗ 痴迷逻辑	98
	○ 重视信赖与热情	

24	✗ 告诉下属"随时找我商量"	102
	○ 设置禁止下属找自己商量的时间段	

25	✗ 在无能的下属身上花费大量时间	107
	○ 将精力放在能干的下属身上	

26	✗ 只提供一个最佳改进方法	112
	○ 提供若干改进方法，让下属从中挑选	

27	✗ 平等对待所有下属	116
	○ 根据下属的特点改变接触方式	

28	✗ 企图与所有下属搞好关系	120
	○ 放弃合不来的下属	

29	✗ 与下属一起吃午餐	123
	○ 独自一人吃午餐	

30	✗ 在谈话时点咖啡	127
	○ 在谈话时点芭菲或水果凉粉	

31	❌ 不让年长的下属看不起自己	
	⭕ 尊重年长的下属	131

第 5 章
领导者不应该使用的"批评方法"与"表扬方法"

32	❌ 批评错误的结果	
	⭕ 不批评错误的结果，而是批评疏忽汇报的行为	138

33	❌ 事后批评	
	⭕ 当场批评	142

34	❌ 认为不应该批评下属	
	⭕ 划定批评的范围	146

35	❌ 在邮件里简单地写一句话进行批评	
	⭕ 面对面批评	150

36	❌ 凭感觉表扬	
	⭕ 阐明表扬的理由	154

37	❌ 表扬结果	
	⭕ 表扬过程	158

第 6 章
领导者不应该使用的"开会"与"谈话"方式

38	❌ 降低自己出席会议的频率	
	⭕ 降低下属出席会议的频率	164

39	❌ 在谈话前准备好要讲的内容	
	⭕ 什么都不准备	168

40	❌ 将"评估表现"作为一对一谈话的目的	
	⭕ 在一对一谈话时不涉及评估	171

第 7 章
领导者不应该选择的"休息方法"

41 ❌ 在休息时间"刷"手机 178
　　 ⭕ 在休息时间活动活动身体

42 ❌ 不允许自己消沉 182
　　 ⭕ 拥有走出消沉的惯用方法

43 ❌ 用休长假的方式解压 186
　　 ⭕ 想办法迅速解压

结束语 189
作者简介 192

第 1 章

领导者不该使用的『工作方法』

01

✗ 即时回复邮件

○ 设置禁止处理邮件的时间

一个人一旦当上领导者，收到的邮件就会大大增多。

与其他部门的沟通、来自下属的邮件，以及时不时被"抄送"的邮件——有的领导者一天收到几十封邮件，有的甚至多达几百封。

在这种时候，大概不少人认为应该尽快回复邮件。

以前，我在担任销售经理时，曾将"为了让客户满意，比任何人都更快响应"作为自己的行动宗旨，一直很留意立刻回复邮件。

可是，**一个人如果成天忙于处理邮件，工作就很难有进展**。

有一天，我和下属 A 约好下午 3 点讨论事情。到了下午 3 点，我招呼 A："时间到了，开始讨论吧。"

A 正要起身，突然说："啊！T 公司的负责人来邮件了。我先回复一下，5 分钟后过去。"

然而，5 分钟过去了，10 分钟过去了，A 还没来。我忍不住去喊他，他说："T 公司的负责人正在询问一些细节……"

我的团队一直追求"比任何人都更快响应"，因此，不仅 A，全体成员平时都有时刻关注邮件的习惯。

会议一结束就查阅邮件，吃完午饭后立刻查阅邮件……总之，每天都在被邮件驱赶。

这么做存在一个严重的问题，那就是我们在工作时间**几乎无法从事创意型工作，如撰写企划书、思考创意等**。

在时刻关注邮件的状态下,一个人专注工作的状态一旦被邮件打断,就需要耗费很多时间来恢复。

假设每查阅一次邮件,需要额外消耗 5 分钟来恢复先前的状态,那么如果一天查看 20 次邮件的话,单在恢复状态上损耗的时间就高达 100 分钟。

这种"收到邮件必须立刻处理"的**"即时回复病""查看邮件病"**导致加班时间增加,工作品质降低。

仔细想想,真的有必要立刻回复邮件吗?

如今,我在日本各地举办学习班和讲座,有时一整天都在上课,午休时间也需要与活动组织者共进午餐,没有时间回复邮件。所以,有时我在早晨查看完邮件后,要到傍晚时分才能回复。

尽管我曾因迟回邮件而被抱怨过,却从来没有因为这个理由被夺走业务。换言之,并不是所有的邮件都需要立刻回复。

能干的领导者通常会为团队设置**"禁止处理邮件的时间"**。

所谓设置"禁止处理邮件的时间",就是规定在某时段禁止处理邮件、打电话或进行内部讨论,使团队成员能集中精力做好自己的工作。这个举措可以让下属利用该时段专心伏案,做好创意型工作。

这一举措借鉴了内衣制造商黛安芬国际日本株式会社引进的"努力时段"这一制度。

另外,如果可能,还可以询问所有团队成员在各时段收到重要邮件的数量,将"禁止处理邮件的时间"设在对业务影响较小的时段。

对于类似客服等必须及时处理邮件的岗位,用轮班的方式推行这个制度也是一个办法。

话虽如此,领导者本人有时也会遇到必须立刻回复下属的紧急请示、汇报及商量的情况。

这时候,领导者**可以让下属尽量给自己打电话**。用这个办法,领导者不但可以快速响应,也能让下属放心地给自己打电话。

02

 细致地制订计划

 适当地制订计划

某公司有 A 与 B 两位领导者。

A 十分谨慎，每当制订计划，他都谨小慎微，务求做到没有一丝风险。因此，他总是尽可能地收集信息，然后再细致地制订计划。

B 一开始会根据自己的想法制订出若干计划。"这个办法大概行得通"，哪怕只是假设，缺少证据，他也会先走出一步，行动起来。

我认为当下时代需要的是后者，即"适当地制订计划"的领导者。

举个例子，在准备推销新产品时，A会领着下属仔细研究哪个行业对该产品最有需求，提前想好各种风险，制定出周详的对策，以免失败，白费时间。

然而，在实际执行时他们发现，3个月前制订的详细计划已经完全不起作用。他们给他们认定"一定能行"的两个行业各100家客户打了电话，但只成功约到2~3家，最后销售业绩为零。

另一边的B凭借直觉，认为该产品适合3个行业，于是迅速列出目标客户名单，并试着给每个行业的10家客户打了电话，结果仅在某行业约到3家。于是，他立刻集中"火力"进攻该行业，又给150家目标客户打了电话，结果约到30家，最后获得了10家新客户。

我们常常看到不少人一走上领导岗位，就开始强调做事的逻辑性，结果通常会掉入"寻找依据"的陷阱。

当然，我决不否定逻辑思考与推论的必要性。只是，倘若不行动，不论逻辑想得多严密，都有可能陷入"纸上谈兵"的境地。

其实，直觉并非完全没有根据。直觉是一个人基于过往经验做出的瞬间判断。换言之，直觉是存在一定根据的，只不过，很多时候就连本人也没有察觉。

譬如，你可能有过这种经验：当去拜访客户时，尽管双方谈笑风生，你心中却感到客户并没有购买意向；相反，双方的谈话虽然不热烈，你心里却有一种"这个客户可能会买"的直觉。

比起新进人员，资深人员的直觉命中率更高，也是因为直觉的判断基准是过往的经验或知识。

乔治·巴顿将军有一句名言：**"今天的好计划胜过明天的完美。"** 也就是说，不论你想做什么，都最好立刻行动起来。

先让 PDCA[⊖]运转起来，再进一步制订计划。这时的计划比最初的计划更精确。这个办法虽然有时会失败，但随着 PDCA 的运转，最后总能成功。

前职业棒球运动员、世界本垒打纪录保持者王贞治

[⊖] PDCA：P—plan（计划），D—do（执行），C—check（检查），A—action（处理）。

虽然打出过868个本垒打[1]，但也打出过1319个三振出局[2]，他失败的次数比谁都多。从这一点看，成功的定义并非从不失败，而是跨越失败，直至目标达成。

许多人认为一旦失败，就会被周围的人瞧不起。不过，请仔细回想一下，你曾经因为失败具体遭受过怎样的轻视？只要想一想，你就会发现，脑中似乎并没有被人轻视的画面，不但如此，实际上似乎也没遭受过什么损失。

或者，你可以用数字把因失败而遭受的损失写下来。你会发现，几乎所有失败带来的损失都比想象的低很多。

不挑战、维持现状的领导者能获得好评，发起挑战的人反而会被追究责任——假如你身处于这种环境，那么最好考虑一下是否值得待下去。另外，下属看见领导者的这副模样，大概也会对工作失去挑战的兴趣。

只要这么思考，领导者就能从"制订不必要的、过度细致的计划"的思维模式中解放出来。

---

[1] 本垒打：棒球术语，指击球员将球击出后，依次跑过一、二、三垒，回到本垒的进攻方法。
[2] 三振出局：棒球术语，指击球员三击不中而出局。

03

✕	▶ 满足于制定机制
○	▶ 确认机制运作是否良好

业务制度、新员工培训手册、检查表单、发送邮件的规则、文件档案管理规定、错误报告、报价格式、请款流程……这些制度规则、操作手册之类机制的存在目的是在提高成员工作效率的同时，保证业务水平在一定标准之上。或者，从风险控制的角度看，有时制度机制的存在是为了保护公司或团队成员本身。

然而，无能的领导者常常"**满足于制定机制**"。

构建制度机制的确是领导者的工作之一，

但是，制度机制如果不被用起来，就没有任何意义。

如果一个领导者只满足于制定制度机制，他的团队通常就会出现以下问题。

业务制度流于形式。比如，业务员在收到客户订单后，只要在当天下午 5 点前发邮件给生产管理部，3 个工作日后产品就会入库。但是，有的老业务员并不遵守规定的截止时间，强行要求产品在 2 个工作日后入库，这种情况经常发生。

错误报告流于形式。设立错误报告机制是为了让团队成员了解细节上可能出现的错误。但有的人因为抵触该制度，并不按规定上报，有时甚至还会隐瞒错误。

报价表单"本末倒置"。制作统一报价表单是为了减少确定报价的时间，而使用者因为 Excel 函数公式没反应，最后只好手动修改，结果比自行制作更耗时间。

这些问题的共通之处在于领导者在制定机制后，没有确认机制的实际运行情况，结果规则给团队成员带来了不便或阻碍。此外，下属对规则提出改进建议的门槛太高，导致问题搁置，团队的生产效率因此降低。

另一边，能干的领导者在构建制度机制后，会细致地确认它的运行情况，他们会具体关注以下 3 点。

（1）运行机制后，请下属提交反馈意见。

实际运行机制后，由领导者向成员确认是否有不便之处或问题。

（2）对不便之处或问题做出判断，决定是否采取对策，绝不搁置。

只要下属提出机制中存在不便之处或问题，领导者就需要判断是否采取对策，表现出愿意做出适当调整的态度。制度规则绝非一成不变，需要根据实际情况调整，领导者持有这种思想十分重要。

譬如，刚才所举的报价表单的例子，假如不能达到起初的目的，就必须立刻修改。

另外，假如制定的是业务制度，需要先聆听资深业务员与相关人员的意见。如有必要，应提出修改建议。

这时候需要充分聆听资深业务员的做法和原因，否则可能使规则的修改方向跑偏，或无法让当事人接受。

（3）敦促成员彻底将制度机制用起来。

刚才举了隐瞒错误的例子，这类问题有很高的风险，很容易在未来演化为重大问题。在这些方面，比起调整制度，更需要的是不厌其烦的指导，敦促成员严格遵守制度规定。

在遵守规则的基础上，领导者不妨与下属讨论用什么方法更方便。能干的领导者通常不会放过日常小事、琐事，坚决将机制执行到底。

04

✗ ▶ 减少工作日志的填写项

○ ▶ 取消工作日志

在我以前工作的企业,员工需要填写项目繁多的工作日志,多的时候每天填写工作日志需要花超过 30 分钟的时间。工作日志的填写项除了公司名称、地址、负责人姓名、业务需求、谈话内容、业绩预估之外,还有对方企业的员工数、销售额等。

我多次对上司提意见,"老实说,我觉得这一项没必要",但均被驳回,"不好意思,这是公司规定"。

"将来也许有用""也许能提供方便""以防

万一"等，人们为了这些"也许"，常常开展许多"当下并不需要"的行动。

以工作日志为例，"或许以后公司会针对员工数超过100人的企业推广业务"——因为这种理由，不管客户是什么企业，都要求业务员了解及填写客户的员工数。

可是，仔细想想，员工数、销售规模通常会随着时间变化，因此在日常工作日志中填写客户的员工数其实没有任何意义，于是，填写这些数据就会流于形式。再说，在需要这些信息时再去调查，岂非更快？

我虽然这么说，但并非建议大家"减少工作日志的填写项"。

其实，每当遇到这种情形，越无能的领导者，越趋向于考虑"保留某项，去掉某项"。

真正能干的领导者此时会想"工作日志是否有存在的必要"，换言之，**他不会以"继续填写工作日志"为前提思考，而是将"终止行动"也放进研究与决策的范围。**

工作的目的是出结果，如果一项工作与结果无关，或无法令客户满意，那么一开始就不应该做。

著名的高效业务架构中有ECRS原则，即按照以下四个步骤思考业务改进的切入点。

- 取消（eliminate）。
- 合并（combine）。
- 重排（rearrange）。
- 简化（simplify）。

无能的领导者通常先从"简化"这一步开始思考问题。

就工作日志的例子来说，哪怕工作日志已经流于形式，但领导者觉得"说不准有人会看""没有工作日志的话，团队成员平时会偷懒"，因此仅建议"减少工作日志的填写项"。

确实，去掉前面提到的"员工数"之类的填写项，或许会节省时间，但并不能快速改进业务。

另一边，能干的领导者通常从"E"（"取消"）开始考虑问题。就刚才的例子而言，他会思考是否应该取消工作日志，而不是减少填写项。

这时候,需要按照下面三个步骤讨论。

(1)**评估该工作能否产生价值**。在这一步,领导者需要放弃"也许在未来有价值"的想法。这项工作是能产生经济效益,还是能为团队内部带来好处?领导者必须回到起点进行思考。

(2)**思考该工作的服务对象是谁**。比如前面工作日志的例子,如果做这项工作只是出于"部长偶尔会看"之类的理由,对整体并没有价值,就应该果断取消。若有人因此感到不便,可以考虑用客户名录等替代。

(3)**思考取消该工作是否会产生其他问题**。虽然取消这项工作对经济效益没有影响,但要考虑是否会因此产生重大问题。会不会给一些客户带来麻烦?经手人不在时是不是会出问题?这些都是领导者思考的基准。

第 ② 章

领导者不应该采用的『培养下属的方法』

05

 成为团队中的"王牌投手"

 成为团队中的"救援投手"

某公司有 A 与 B 两位领导者。

A 是一个主动出击、能很快与人打成一片的人,比较擅长开拓新业务。

B 平时看起来不太起眼,但在关键时刻总能出其不意地提出新颖的方案,而且善于维护与关键人的关系。

用棒球赛比喻,A 就像第一局就下场的首发王牌投手,能不断投出高速球,而 B 就像在胜负关头进场反击对手的救援投手。

大多数人都希望成为 A 这样的领导者，用自身的"背影"带领团队成员。

其实，**在 A 这种"王牌型"领导者的团队中，下属往往得不到成长。**

在此我分享一段自己的经历。

那是在团队当月目标还差一点就要完成时发生的事。当时，上半月销售不佳，目标能完成到这种程度已经很不容易。虽然期限只剩一周，但我想再冲刺一次，向下属展示"奋战到底"的背影。于是，在傍晚的小结会上，我慷慨陈词："离实现目标还差 ×× 日元，我一定会完成 ×× 日元，剩下的请大家想想办法。"

会议结束后，我的身体隐隐作痛，在这个紧要关头，我竟然病倒了。

结果自不必说，我个人承担的目标没有完成，整个团队的目标也没有完成。

过去我一直给下属做出榜样，以期引领下属。这种做法的问题是，一旦我无法亲自上阵，下属就会丧失干劲。在那之后的几个月里,我的团队的业绩一直在走下坡路。

那时,我感到了用自身的"背影"做出表率的局限性。

在我还是普通员工时,有的人工作能力中上,当上领导者后却开始大放光彩。

我一直在思考两种领导者之间有什么区别。

我发现,能在领导者岗位上大放光彩的人,其实"什么都没做"。

准确地说,他们并不是什么都没做,**他们只是没有做那些显而易见的工作,而是在背后坚定地为下属提供支持**。

这就好比"救援投手"的工作。

救援投手总是在与对手差一两分的关键时刻出场。或许他们投球的次数不多,却时刻为应对可能发生的状况做好准备。

此外，不论场上形势多么恶劣，他们都应该力挽狂澜。救援投手是一个很吃亏的角色，一旦失败，就会被严厉问责。

优秀的领导者与救援投手一样，两者有如下共通点。

- 不是主角（不会被当作英雄采访）。
- 在各种各样的场景中出场（跟进情况各异的下属）。

换言之，领导者不是靠"背影"带领下属，以个人魅力领导团队的"王牌投手"，而是辅助下属，为下属提供服务的"救援投手"。

只要这么做，领导者就不会遇到用自身"背影"带领下属带来的瓶颈。

最重要的是，下属会产生"必须自己干"的意识。

服务型领导者认为下属才是主角，因此下属通常能意识到"工作不是别人的事，而是自己的事"，自然快速成长，也更快做出成果。

06

✗ ▶ 把下属当作伙伴

○ ▶ 把下属当作客户

企业里有销售部，也有制造部，这是理所当然的，两者并非上下级关系，而是常说的平级关系。

上司和下属也一样，彼此只是分工不同，即常说的合作伙伴关系。

然而，善于培养下属的领导者不只将下属当作伙伴，**还把他们当作"客户"。**

一般我们面对客户，首先思考的是"怎么才能让对方满意""怎么才能提高业绩"，时刻把客户放在第一位，以客户为中心思考自己能做些什么。

换言之，善于培养下属的领导者时刻以下属为本，构筑与下属的关系。他们具体关注下面3点。

1. 思索怎么让下属立功

我正在从事企业咨询工作，为企业举办学习班，和客户一起工作，但我从不认为"客户企业销售额提升、离职率降低是我的功劳"。

然而，有的人一旦成为团队领导，只要下属略有成长，就到处吹嘘："那家伙是我培养起来的。"

这样的领导者无法赢得他人的信任，因为在谈到下属时，他们总是说"我怎样怎样"，把自己放在第一位。

你见过教练在团队夺冠或获得表彰时说"这次取得冠军多亏了我的指导"吗？

如果教练如此大言不惭，大概次日起就不会有任何队员愿意再追随他了。

的确，一个人在成为领导者之后，与做普通成员时相比，"被夸赞的机会"将变少，这是无可奈何的事。

假如领导者希望得到夸赞,不妨"自己夸赞自己""买点好吃的奖励一下自己",或"去温泉之类的地方来一场小小的旅行"。

其实,令人意外的是,自己夸赞自己十分重要。但凡是人,都希望得到认可,都有被认可的需求。

领导者应养成定期表扬或犒劳自己的习惯。

2. 真心为下属着想

有的领导者常把"批评下属是为了他好"挂在嘴边,却没有推动对方改进的具体措施,只是不停否定下属。

例如,我曾经见过这种过分的领导者:下属提交资料后,领导者说"这个地方要改一改",于是下属回去修改,下属再次提交时又被命令修改其他地方,结果这样来来回回改了 5 次。更过分的是,该领导者还在喝酒时得意扬扬地说:"今天我把他的东西驳回了好几次。"

这也是很有代表性的"以我为尊"的事例。这种把斥责下属当作给自己解压的方式的上司,正是人们常说的"滥用权力的上司"。

如果你不想变成这种领导者,那么在与下属交互之前就请扪心自问:"我真的是为了下属着想吗?"

3. 耐心守护下属,直至对方做出成绩

假如你负责的客户一直做不出成绩,你大概不会对它发火:"赶紧拿出成绩来!"

因为你也需要承担一定的责任,而且行动转化为结果是需要时间的,虽然暂时没有结果,但可能离结果只有一步之遥。

可以说,在领导团队上,也是同样的道理。

换句话说,耐心等待也是领导者的工作。

与其因为没有结果而坐立不安,不如仔细观察下属的行动过程,这样一来,或许你能给下属提供一些支持,帮助他们做出结果。

那么相应地,当下属做出成绩时,你将感受到比做普通成员高出数倍的喜悦。

07

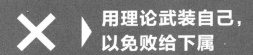

| ✗ | 用理论武装自己，以免败给下属 |
| ○ | 假装不懂，向下属求教 |

在某部门担任领导职务的 A 在做普通成员时就非常优秀，属于那种用自身做出表率的人。

此外，A 认为"领导者必须在方方面面比下属更优秀"。他认为下属懂的东西，领导者也必须懂。

有一次，职员 B 从另一家公司转入 A 所在的企业，被安排在 A 的团队中。

B 擅长设计，而 A 认为自己必须在设计方面比 B 强，因此，尽管他不懂设计，但拼命学习设计知识，用理论武装自己，试图胜过 B。

然而，临阵磨枪得来的知识，不论在理论上还是在技能上都无法与B匹敌。

A意识到无论怎么用知识理论武装自己都无法胜过B，于是为了保住自己的地位，他对B提出的意见不问青红皂白一概驳斥。结果B没办法发挥出自己的实力，只好离职，转投其他公司。

你或许会想："真有这种事吗？"在企业为了注入新鲜"血液"从外部引进人才时，新引进的人才常遭到现有成员的排斥与孤立，类似的事例屡见不鲜。

这种认为"自己必须全知全能"的领导者会成为团队力量的"天花板"，使团队的力量无法超越领导者自身的水平。

上司和下属的职责本来就不同。许多在做普通成员时表现优秀的上司有争强好胜的特点。同时，从某种意义上来说，其中的不少人也有强烈的责任感。正因为如此，他们认为自己必须在方方面面超越下属，成为全知全能型人才。

然而，现实中常常出现比上司更优秀的下属。

有时还会出现这种情况：上司的综合实力或许强于下属，但在某个领域不及下属。

善于培养下属的领导者知道自己并不完美。因此他们认为，与其事事抢在前头，带领下属，还不如将下属放在前面，自己待在后方，等有情况时立刻跟进。

这样的领导者遇到比自己优秀的下属，不但不会与对方一争长短，还会主动向对方讨教。

甚至，有的领导者明明懂得，却在下属建议"还有这种产品"时佯装不懂："我以前都不知道，谢谢你告诉我！"

换言之，他会成全优秀的下属，让下属感到面上有光。假如他回复"这种产品我早就知道"，下属心里必然不快，以后也不会再主动提建议，尤其是一些敏感的下属，或许之后再也不会提任何意见。

当下属提出反对意见时，这种领导者通常会表示欢迎。因为他认为，"各人所处的立场不同，对事物的看法自然不同"。他明白，反对意见对于提意见者来说一定是正确的，换言之，人人都认为"自己的意见是正确的"。

说句题外话，现在我们正处于从大批量生产向多品类、少量化生产转型的时代。

所有人听同一首歌，看同一部电视剧，看相同节目长大的时代已经过去了。就像亚马逊的长尾效应⊖一样，在当今这个时代，每个人接触的东西不同，在不同的环境中长大。同时，来日本工作的外国人也越来越多，别说价值观，就连语言和文化也出现越来越多的不同。

在这个多元化变为必然趋势的时代，领导者需要充分利用这些多样性。

从这个意义上来说，领导者应积极创造"向下属学习"的机会。

今后的领导者应当做一个"认可他人，虚心学习"的人。

⊖ 长尾效应：指市场中非流行的、个性化的少量需求在需求曲线上会形成长长的"尾巴"。这些细小的非流行市场累计起来可能比流行市场还要大。

08

✗ ▶ 企图改变下属的意识

○ ▶ 改变下属的行为习惯

下面是发生在某销售分店的事。这家分店虽然完成了销售目标，但在开发新客户上略显不足。分店长想："如果不在开发新客户上多下功夫，下一年度就会干得十分费力。"

于是，他将课长们叫来，告诉他们让各自的下属全力开发新客户。

A课长立刻对下属进行意识改造。他不停向下属强调："今后必须开发新客户，否则我们无法生存。"

下属听了答道"明白了，今后我会努力开

发新客户",然而迟迟没有行动。

A课长想,只要反复叮嘱,下属一定会改变。于是,他一有机会就强调"必须开发新客户",希望下属将这句话刻在脑子里。

然而,三个月过去了,下属还是老样子,只去拜访有业绩的老客户,结果在10人的团队中,平均下来,每个人只开发了两个新客户。

终于,在一次会议上,A课长忍不住发了脾气,骂了下属。从那时起,团队成员的心离A课长越来越远,A课长变成了"孤家寡人",更别提开发新客户了。

另一边,B课长首先思考的是如何改变下属的行为。

虽说需要行动,但猛然间让下属每天打20个电话邀约客户,他们必将受挫。于是,B课长让下属利用每天晨会结束到出外勤之间的这段时间,每个人打三个电话邀约客户。这种工作对下属来说并不算难以负荷,因此他们都能坚持。

就这样,坚持了三个月,最后在10个人的团队中,平均每个人开发了五个新客户。

要想做出结果,重点在于展开具体行动。

像 A 课长般一味强调"改变意识",下属是不会改变的。因为他们并不知道应该具体从哪里入手。

所以,花一些心思让行动变得不太困难,使人可以坚持下去,这一点也十分重要。

比如,**"制定平时的例行动作"** 十分重要。像刚才的例子,正因为晨会后大家一起做例行动作,才能坚持下去。

在开始做某事之时,制定一些类似的例行动作,换个说法,规定一些"仪式",下属自然会产生"好!干起来"的感觉。

譬如,我在写东西之前,会先给自己冲一杯咖啡,意在告诉自己:"冲完咖啡就到写作时间了",精神自然开始集中在写作上。

另一个重要的窍门是"只做一点就停下"。

在领导者看来,下属不应该只做三件事,而应该做10件、20件事。但是如果一开始就追求数量,下属很难持续下去,这叫作"稳态反应"(稳定性)。生物具备自我恢复原状的机能。当生物的体温或血糖出现异常时,这种机能就会发挥作用。

同样的道理,一上来就让人长时间从事全新的活动,人体很快就会回到原来的状态。所以,吃饭不要吃得太饱,要让肚子保持八分饱的状态,这是保持健康的秘诀。

要让行动坚持下去,重点在于"消除零行动的日子"。就这个例子而言,如果下属早上工作太忙,挤不出时间打电话,那么可以规定"傍晚必须打一个电话或发一封邮件"作为弥补。

能干的领导者在改变下属的意识之前,会先推动下属迈出第一步,再开动脑筋,设法使下属将行为坚持下去。

09

✗ 基于人事部门的技能培训指南培养人才

○ 与下属共同思索专属于本人的技能培训指南

员工进入公司以后，应该立刻学习业务所需的知识技能及主动性、责任感等所应具备的工作态度或精神状态。这些学习通常基于人事部门的技能培训指南开展。

另外，各岗位还有自己的专业技能。销售、财务、产品研发、生产管理都有各自的专业技能，一般人事部门也为各部门配备了相应的技能培训指南。

因此，一般领导者都是基于人事部门提供的技能培训指南培养下属，再基于现场情况做一些加加减减的工作。

可在当今社会，只提供这种程度的培养已经无法帮助下属充分成长了。

这时候，**善于培养下属的领导者通常与下属一起思索专属于本人的技能培训指南。**

在当下这个环境急剧变化的时代，进公司 5 年、10 年所应学习的技能不再像过去一样清晰。

另外，即使在同一家公司从事相同的销售工作，服务的行业或销售的产品不同，所需的技能也大相径庭。再说，当下客户的特点也呈现多元化的趋势，单凭通用技能，在越来越多的领域将难以通行。

在这种情况下，与下属共同思索技能培训指南也变得更有效率。

另外，与下属共同思索技能培训指南还有其他好处，那就是能够**激发下属的主动性，使其产生"培养自身技能"的想法。**

目前下属或许正在从事销售工作，但未来可能想去市场部、产品研发部，或从服务个人客户转为服务企业客户等。像过去那样一份工作干到退休的人已经很少了，有的人甚至有独立创业的愿望。

正因为如此，能干的领导者应当把下属未来想做的工作放在心里，然后，在给他分配工作、客户时，尽量向这个方向靠拢。

如果领导者不与下属共同思索技能培训指南，就无法做到这一点。有的领导者只按照人事部门制定的固定技能培训指南培养下属，导致下属产生"被迫感"，工作表现自然不佳。

假如领导者希望下属拥有高端技能，在工作中做出成绩，就需要尽量给下属安排与其意愿相近的工作，这是领导者的工作。下属的积极性提升了，工作品质自然就会提升。

这样对企业有利，对领导者有利，对下属本人也有利，正是"三全其美"的做法。

假如其他人拥有更多有利于下属成长的详细信息，领导者可以帮下属牵线，让他们产生交集。

在这里需要注意的是，认为自己的技能和经验才是正确的，并以此为标准指导下属，是落后的错误思维。领导者的工作重点在于营造一个使下属认真对待自己技能发展的环境。

10

✗	▶ 纠正下属的缺点
○	▶ 发挥下属的优点

过去我只关注"下属的缺点",特别是那些多次出现失误的下属。我平时对这样的下属感到焦躁不安,总觉得"那家伙会把事情搞砸"。

严重时我甚至因为下属在周五犯的错而整个周末烦躁不安:"他什么时候才能让人省心?"结果,我周一上班时精神委顿,周末的休息也变得毫无意义。

有一次,工作认真负责、我几乎从未批评过的下属S找我商量:"对不起,明天有人能替我担任产品宣讲会的讲师吗?"

询问后我得知，原来他要与客户会面，原本以为是后天，却发现是明天，这对 S 来说是罕见的失误。但是当时，与批评他相比，更要紧的是找人替代他。

但我想了半天，也想不出比他更令我放心的人。

这时 S 说了一句令我吃惊的话："O 怎么样？"

他提到的 O，是一个经常被我批评、事事让我操心的下属。

"哎呀，O 肯定不行。"我半开玩笑地回答。S 说："那家伙在读大学时在一所比较大的私人学校做过讲师，很擅长在人前演讲。在不久前的学习会上，他也讲得十分生动。"

既然 S 这么说，我就委托 O 替他担任那次产品宣讲会的讲师。

虽然第二天我没有亲眼看见 O 讲解的样子，但出席会议的其他部门的人说："他讲得很生动，听讲的人离开时都带着心满意足的表情。"

事后我听 S 说："能在人前演讲，O 十分高兴。他在前一天晚上连夜翻阅资料，细心地做了准备。"

这令我深深地反省。作为领导者，我只看见 O 不善于处理事务性工作和经常出错，却没有发现他的长处。

"再愚蠢的人也能指出别人的缺点，而且越愚蠢的人越想指出别人的缺点。" 这是美国政治家、实业家本杰明·富兰克林的名言。

按照这句话，我就是个愚人。

在日本，人们从小就有这样的倾向：当考试中某科得了 5 分[一]，而其他科得了 1 分或 2 分时，身边的人会将目光集中在低分的科目上，并加以指责。大概因为这个缘故，许多人一味关注改正缺点。

当然，为了不给别人添麻烦，有错就改是必须的。但是，**善于培养下属的人必定会将关注的焦点放在下属的强项上，并给他提供发挥的机会。**

明治维新时期，有一位著名的萨摩藩武士名叫边见

[一] 此处 5 分为满分。

十郎太。在皇宫起火时,边见十郎太不但不参与灭火,还跑到新宿玩乐。同僚追究他的责任,要他剖腹谢罪,结果被西乡隆盛阻止了。西乡说"他还年轻,念他初犯,算了吧",边见才免于剖腹自尽的下场。边见感念西乡的救命之恩,在后来的戊辰战争、西南战争中发挥了巨大的作用。

领导者需要找出下属的强项,多给他挑战的机会。其实,一个人的长处往往恰好也是他的短处。"事事婆妈"的人或许很"细心","熟不拘礼"的人或许"不畏生"。

这些长处在工作中是被发挥还是被扼杀,全部取决于领导者的安排。

11

| ✗ | ▶ 只热衷于对客户搞营销 |
| ○ | ▶ 重视对下属的"营销" |

我想提一些问题,请问:

- 你是否在寻找"客户的需求",却无视"下属的需求"?
- 你是否在极力了解"客户的烦恼",却假装不知道"下属的烦恼"?
- 你是否定期联系客户,跟进客户的状态,却对员工连招呼都不主动打一个?

其实,这些都是我这个过去糟糕透顶的领导者发出的呐喊。

此刻你是否心下一惊?

我认为，下属之于领导者，如同客户之于销售人员。

销售人员的工作是通过销售产品、提供服务，让客户满意，解决客户的烦恼。同样，领导者的工作是与下属构建紧密的关系，培养下属，使下属在工作中充分发挥，做出最佳表现和成果。

正因为如此，善于培养下属的领导者重视对下属的"营销"。

比如，第一步也是最重要的是，清晰地把握**"下属工作的理由"**。

在如今这个时代，每个人都拥有不同的价值观，工作动机也各自不同。所以，领导者了解下属的动机，了解他们"为什么选择这份工作""将来希望从事什么工作"，就会知道下属怎样才能愉快地工作及成长，在安排工作时也能做到恰如其分。

同时，领导者还可以了解关于下属的以下方面的信息。

- 擅长的工作，不擅长的工作。
- 通过提醒、批评能改善的行为与改变不了的行为。

- 什么时候高兴，什么时候生气。
- 以日、周、月、年为周期的生物钟及活动规律。
- 什么时候积极性降低。
- 对他来说什么很重要。
- 生日与爱好。

每当领导者发现下属的特点，可以记录在"部属备忘录"中。我推荐的部属备忘录是给每位下属设立的档案，有点像顾客信息管理表。只要有这个备忘录，领导者就不会忘记上述信息，从而较好地掌握下属的情况。

关于各项信息的内容，其他章节也会涉及，在这里我先就下面两项浅谈一下。

1. 通过提醒、批评能改善的行为与改变不了的行为

在提醒、批评下属后，如果下属有所改正，领导者要回顾一下"自己是怎么对待下属的"，在其他场合也可以用类似的方法对待他。比如说了什么话，如何打开话题等，都可以作为参考。

如果下属没有变化，领导者就需要分析原因，以达到让他改进的目的。譬如，在下属对工作提不起劲时，领导者需要反思自己是否有过打击下属士气的言语或行为。

另外，如果下属迟迟不行动，领导者需要思考其中的主要原因。要么耐心地陪伴下属，直至对方产生行动；要么将抽象指令具象化；要么将作业流程分解得更细。

2. 下属什么时候高兴，什么时候生气

触发一个人喜怒情绪的东西特别多，我建议领导者详细做好记录。领导者需要回顾"在对方出现类似情绪前后，我有过怎样的言行""是什么工作、环境引起了他的情绪""之前发生过什么事"等。

12

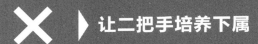

✗ ▶ 让二把手培养下属

○ ▶ 营造环境，帮助下属自动成长

让二把手培养下属有几个好处。

比如，有的下属不敢直接找一把手谈事情，这时，如果有靠得住，而且年龄也与下属比较接近的二把手，那么下属就可以找他商量。领导者可以让二把手在事后汇报。

另外，对于二把手来说，在正式成为团队领导者之前，有类似的领导力模拟体验也并非坏事。

常言道："好选手未必是好教练。"有的人在身为"选手"时大显身手，可一旦晋升为领导者，有了下属，就立刻失去了光彩。

"选手"与"教练"的工作本来就完全不同。如果一个人在晋升管理职位之前,有过担任二把手的经验,他就能更顺利地接任管理工作。

然而,此时容易出现的问题是领导者将照看下属的工作全部推给二把手,自己则悠然自在地做自己的工作。

这样的话,再优秀的二把手也会因为照看不过来下属而崩溃,出现的反面作用将使领导者自食其果。

善于培养下属的领导者会营造有利于下属自动成长的环境。具体说来,就是建立起**"下属之间相互培养的机制"**,做法如下。

首先,将二把手之外的成员按照经验及业务的熟练程度分为以下三个层次。

- 第一层:进公司 1～2 年,在适当的辅助下能够完成业务。
- 第二层:进公司 3～5 年,几乎无须辅助就能完成业务。

- 第三层：进公司 6 ~ 10 年，能独立思考业务，制定新企划。

当然，实际划分起来不会这么简单，不过基于大概的标准划分即可。

其次，制定规则，让各层指导低一层的成员。例如，第二层可以指导第一层。同理，第三层可以指导第二层，而第三层则直接接受二把手的指导。

这种方式主要有以下两个好处。

1. 成员通过指导他人能加速自身成长

指导他人有利于自身成长，具体来说，有助于提高自身的提案能力或沟通能力。另外，这么做有助于全体成员从年轻时开始培养领导力，学习站在更高处处理工作。

在任何情况下，一个人若想指导他人，都必须仔细回顾、分析现状，并用语言表达出来。这个机制最终还能在团队中使一些可复制的经验逐渐形成体系。

2. 人们比较容易向年龄相仿的人提各种问题

"指导"不单指上司对下属单方面传授技巧，还指下属找上司讨论，一起思考、解决问题。

这时候，与年龄相差较大的人相比，年龄相仿的人更容易互相理解，下属也更容易张口求教。

其实这一指导机制有其原型。2018年播放了一部以西乡隆盛为主角的大河剧《西乡殿》。西乡出生和长大的萨摩藩是一个俊杰豪雄辈出的地方。

萨摩藩人才辈出的"动力源"正是"乡中教育"这一教育制度：年满6岁的藩士子弟聚集在一起研习学问，锤炼武艺。孩子在长到一定年纪后，就可以指导年纪比自己小的孩子。套用现在的说法，就是小学生升上初中以后，就可以指导年龄小的孩子。

你的部门也可以模仿这一制度，引入"下属之间相互培养的机制"，这将比把全部下属交给二把手有更多收获。

第 ③ 章

领导者不应该采用的『交托工作的方法』

13

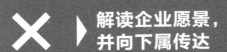

✗ ▶ 解读企业愿景，并向下属传达

◯ ▶ 传达企业愿景时加上团队自身的愿景

企业经营愿景揭示的是企业希望在 5 年、10 年后呈现的面貌，它描述了"企业未来的理想模样"。

例如，企业可以提出以下经营愿景。

"员工人均生产效率日本第一。"

"构建强健的财务体质。"

"成为行业领军企业。"

不过，这些愿景对于一线员工来说，大概有些抽象和难以理解。因此，领导者必须用简单易懂的方式将企业愿景传达给下属。例如，以刚才的愿景为例，领导者可以这么传达：

"高效工作，每位成员都要实现利润目标。"

"减少浪费，提高投资回报。"

"在某某领域成为行业第一。"

但是，仅仅**这样解读企业愿景，是无能的领导者的作为**。

这么做，或许一些下属确实能产生实际行动。但是，这只不过是将"愿景"变成了"目标"。

虽然下属能采取具体行动，但如果他们心中并不乐意，就无法构建出影响未来5年、10年的企业文化。

愿景和目标不是一回事。

从定义上看，愿景是使员工为之兴奋的、主动想做的事。如果不能让员工发自内心地认为"我要做"，就称不上愿景。

人类的行为动机分为"外在动机"与"内在动机"

两种。"外在动机"指源自升职加薪等外在利益的驱动力;"内在动机"指源自好奇心、关心、工作乐趣等内在因素的驱动力。

"外在动机"的优点是有立竿见影的效果,而其缺点是不能多次使用,效果不持久。人在升职加薪的瞬间确实会感到兴奋,但过了一段时间,兴奋感就会消失。因此,外在动机是一种烈性药。

正因为如此,企业才需要有愿景,用以激发下属的"内在动机"。如果员工对实现愿景的行动并不情愿,那么愿景就失去了意义。

善于培养下属的领导者**不解读愿景,而是给愿景添加"剧情"**。

这些"剧情"往往能激励下属,使他们兴奋起来。"全体成员作为'最强销售团队'被刊载在某某行业杂志上""年末作为特别嘉宾被客户邀请参加年会,并获得客户的感谢""在竞标时,让竞争对手一听到我们团队的名字就立刻放弃",诸如此类。

另外，能干的领导者还会让下属编写这些"剧情"。虽是"让下属编写"，但绝对不必正襟危坐，一本正经地与下属交谈。领导者可以把下属集中起来，一边聚餐，一边热热闹闹地讨论。

总之，重点在于如何把愿景变成下属"自己的事"。

14

✗	告知下属从事某项工作的必要性
○	告诉下属"为什么要将工作交给你做"

领导者给下属安排工作时，需要告知下属背景与理由，告诉他"为什么要做这项工作"及"为什么要将这项工作交给你做"。

如果不这么做，也就是不说清楚"为什么"，下属很可能会对该工作产生"被迫感"。

"制作一下某公司的提案资料""做一张明年销售业绩的预测图"，这样安排工作，下属不会对工作产生兴致，交上来的"作业"品质也不会太高。在下属看来，只要按照最低标准完成工作，达到及格水平就好。

某部门领导 A 在给下属安排工作时,一定会告诉对方"做这项工作的必要性"。

"某公司的提案资料交给你做。**如果提案成功,我们就能赢得一个大客户。这个项目不论对公司来说还是对部门来说都非常重要**。"

"我想让你做一张明年销售业绩的预测图。**这张图有可能让我们部门明年得到更多预算**。"

A 一定会将从事某项工作的理由告诉下属,且将内容说得很具体,下属也理解得很清晰。

然而,A 的下属提交的资料虽然能达到最低要求,却缺乏冲击力,离"高品质"相差甚远。

A 感到结果和自己心中的预期差距很大,心中纳闷:明明已经将做事的理由清楚地告知下属,为什么对方还是不能将工作当作"自己的事"来做?

另一边,能干的领导者同样讲述工作的理由,但不会只告诉下属"**为什么必须(为公司、团队)做这项工作**",还会讲述"**为什么要将这项工作交给你做**"。

"B，某公司的提案资料就交给你了。如果提案成功，对方就会成为我们的大客户，**你也有机会在公司里一显身手，为你的升职加分，所以，这项工作我希望交给你做**。"

"小C，我希望你来制作明年销售业绩的预测图，这能让部门明年得到更多预算。**如果成功拿到预算，你之前提出的新服务项目就可以被提上日程**。"

善于培养下属的领导者在安排工作时，总是会结合激发下属干劲的"关键点"，告知下属工作的理由。

有的下属意识良好，能主动为了团队行动。不过，没有什么比"为了自己"更能引起下属的共鸣。

前者B有在职场"晋升"的愿望，而后者小C则有"发起新服务项目"的挑战精神。善于培养下属的领导者总是将这些"点燃下属"的因素放进工作理由当中。

另外，根据工作内容不同，还可以采用以下做法：告诉对方"制作资料的话一定要找伊藤""在数据分析方面，山本是最强的"，或者"这是你最擅长的领域，所以希望交给你"。

不过,这种方法偶尔用一两次无妨,但如果一而再再而三地用,下属就会产生"为什么总是我"的疑惑,甚至会产生抵触:"也可以交给其他人做啊,比如 D,他明明也可以做。"

工作本来就会集中在能干的人手中。因此,在安排工作时,附加上反映下属愿望的"理由",是成为能干领导者的条件。

15

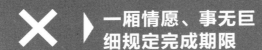

✗ ▶ 一厢情愿、事无巨细规定完成期限

○ ▶ 告知对方优先次序，共同思考完成期限

在给下属安排工作时，你有没有因为太在意下属而说出诸如"你有空的时候做一下""什么时候完成都行"之类的话？

这些话很可能会被下属错误地理解为"永远不做也没关系"。

例如，领导者对下属说"这项工作不是很急，你有空的时候做一下"，结果一周之后，发现下属还没有动手做。

上司觉得这项工作一两天就能干完，于是问下属"为什么不做"，下属就会说"您没有给完成期限""反正这是半年后才举办的活动""以为只要这个月底之前提交就行"之类的话。

说这种"没有期限的工作"是"不做也无所谓的工作"也不过分，因此领导者必须明确工作的完成期限。

某部门的领导者 A 为了与下属在沟通上不产生误会，交代任何工作时都事无巨细地规定好完成期限。

"这份提案下周三要提交给客户，所以下周一下午 5 点前要发给我。为了保险，本周四下午 4 点我要检查一下工作进展情况。今天是周二，也就是在两天之后，拜托了。"

看似有条有理，指示清晰，但是，领导者不应该这么做，原因有以下两个。

1. 下属无法决定工作的优先次序

下属对于领导者安排的工作通常有优先处理的倾向。因此，工作越认真的下属，越倾向于按接受任务的顺序做事。

但是，这么做很可能使下属拖延其他工作的进度，或拖延其他人员委托的工作。

当因为这个原因在工作上出现状况，被直属上司责问"为什么没做好工作""什么原因导致这种状况"时，下属很难直言是因为"上司的安排"。

这些小小的沮丧往往会成为严重影响下属工作积极性的原因。

2. 可能出现对时间成本的不同解读

在领导者看来"立刻能完成"的工作，往往需要耗费下属更长的时间。

此外，像前面说的那样，越是工作认真的下属越倾向于按照上司吩咐的时间表工作。即使为难，下属也会硬着头皮说"做得来"。

为了避免这种悲剧，善于培养下属的领导者一定会**在与下属沟通后确定工作的完成期限**。

"手头还有别的工作吗""会不会突然插入紧急的工作",上司应当一边仔细了解下属的工作状况,一边与下属共同考虑工作时间表。

在任务扎堆时,如果想优先处理某些工作,就需要决定把哪些工作后置,用这种办法明确工作的优先次序。

这时候如果逼迫下属,就会鸡飞蛋打,达不到目的。领导者应当下定决心,询问出下属的所有情况,哪怕是一些难言的苦衷。

譬如,即使工作安排得很满,当下属的行动与自己的预期有差距时,也要体谅下属,营造可以轻易说出困难的气氛。然而,下属只要能自己决定工作时间表,就会把工作当成"自己的事",认真按照计划行动。

16

| ✗ | 把下属能做的、不会出问题的工作交给下属 |
| ○ | 时不时将有难度的工作交给下属 |

某部门的领导者 A 是一个责任感很强，不愿意给关联部门和客户添麻烦的人。

A 平时工作很忙，想把工作交给团队中的 M，但是，M 在工作中经常出错，因此 A 常把工作交给其他令他安心的下属，不太愿意把工作交给 M。

交给 M 的任务要么是服务难度不高的客户，要么是制作会议记录、检查资料中的错别字、录入客户信息等日常例行工作。

A 觉得，就算一下子将有难度的任务交给

M，M也做不好。这种判断，正是出自"工作品质低、拖延交期，就会给相关人员带来麻烦"的思想。

A这样判断并不能说都是错的。可是，这样下去，M永远也无法成长。

一个人只有做一些对自己来说有些难度的事，才能锻炼出工作的"肌肉"。譬如，能举起40公斤杠铃的人如果一直举同样的重量，就永远举不起更重的杠铃。

所有领导者都是从新员工起步，通过从事一些高难度的工作，逐渐得到锻炼，才成了领导者。

尽管如此，有的领导者在率领队伍后，却只给下属安排能力范围内的工作。这样的人从某种角度上看或许是个"好领导"，但绝对无法成为培养下属的领导者。

在这里，我们需要了解"放心区""挑战区""混乱区"三个概念。下属面对工作的状态可以划分为这三个区域。

"放心区"指下属凭现有能力或技术足以胜任工作、不会出问题的状态。例如日常的例行工作，曾经做过的、无须他人帮助也能做的工作等。

"挑战区"指的是下属凭借现有能力或技术做起来有些困难的状态。不过，下属通过请教别人，多花一些时间还是可以完成。

"混乱区"指的是下属凭现有能力或技术难以胜任的状态。从事这个区域的工作，下属将遭受挫折，失败的概率也比较高。

领导者只要将这三个区域的概念放在脑子里，思考"把这项工作交给下属，他会处于哪个区域"，就能恰如其分地给下属安排工作。

像本节开头的 A 一样过度害怕下属失败的领导者，只会把"放心区"的工作交给下属；而善于培养下属的领导者则在必要的时候，给下属安排有一定难度的、属于"挑战区"的任务。

另外，通过从事"挑战区"的工作，下属不但能够掌握新的知识和技能，还能从更高的格局看待事物，获得新的体悟。

时不时将属于"挑战区"的有难度的工作交给下属，也是领导者重要的职责。

17

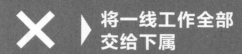

✗ ▶ 将一线工作全部交给下属

○ ▶ 把 10% 的一线工作留给自己

领导者和普通团队成员的分工不同。成为领导者后，就不能从事普通成员的工作。一般我也会在自己的书籍、学习班或讲座中这么告诉别人。但这不一定是正确的答案。

某部门有 A 和 B 两位领导者。A 和 B 都是从其他行业进入企业担任团队领导者的，虽然有销售和带队伍的经验，但对行业的了解几乎为零。

A 认为："我是团队领导，没必要了解一线业务，让下属干好才是我的工作。"团队中的成员一开始也觉得"领导没有行业专业技能是没有办法的事"。

但是没过多久,成员就开始抱怨。团队中资历较浅的新进成员认为"领导没办法帮我出主意""只会让我自己想",而资深成员则认为"在决策或汇报工作时,因为领导没有专业知识,解释起来太浪费时间"。

尽管如此,但A的上级主管向大家解释:"没办法,A还不熟悉业务,请再给他一点时间。"可是,A无法为团队增添战斗力,还致使资深成员承担了大量解答细节问题的工作,负担大大增加。

此外,A由于无法体现存在的价值,也感到焦躁起来。由于太焦虑,他常常因为一些与内容无关的细枝末节批评团队成员,如"这篇文章的遣词造句不好""有错字、漏字""这个地方应该用再大一号的字"等。

最后,没有人愿意听A的话,A在公司里越来越举步维艰,最后只得辞职。

另一位领导者B尽管知道"领导者与普通成员分工

不同",但认为至少应该掌握基本程度的产品知识。

于是,**他拿出 10% 的工作时间从事普通成员的工作。**

具体的方式是,他坦诚地告诉团队成员"我希望为各位做些什么""只要去现场,就一定会发现些什么",主动从事普通成员的工作。

另外,在工作之余或休息时间,他积极阅读,学习产品相关知识及业务员使用的资料,掌握了一定程度的专业知识。

B 通过从事普通成员的工作,迅速拉近了与下属的距离。下属不仅没有因为他缺少专业知识而轻视他,反而自告奋勇教他相关的知识。

同时,B 对实际业务中容易出现问题的环节有了把握,在管理上也游刃有余起来。即使遇到不懂的问题,他也知道应该查阅什么资料,向哪个人求教,团队也管理得越来越顺。

另外,领导者在刚刚从事普通成员的工作时,如果说"我要检查一下工作",会降低成员对自己的信任。

这是"半桶水"的领导者经常使用的"台词"。

即便对业务有一定程度的了解，领导者也应当采用"有人请假的时候我也能扛一扛"的说法，试着做一些普通成员的工作。

不过，重点是领导者必须意识到自己的本职工作是团队负责人，所以，如果被一线工作缠身而无法完成领导职责，那就本末倒置了。

还有，假如领导者连 10% 的时间都挤不出，可以考虑适当删减效率不高的工作。

18

✗	追求"零失误"
○	主动打破"零失误"

一家企业发生了重大失误。它与A公司第一次签订合同，负责该客户的销售人员却把合同弄丢了，而且，这是一个未来有望下大订单的客户。

于是，他们慌忙请对方再次发出合同，但对方的法务部大怒："我们不和这样丢三落四的企业做生意。"结果明明好不容易在招标中获胜，却只能眼睁睁地看着A公司的合同落在竞争对手手中。

后来才发现，出错的销售人员平时十分忙

碌，每天都加班到深夜。

公司还发现，在本次事件发生的两个月前，该销售人员还丢失过给其他企业的付款申请单，结果只好请对方再次走盖章流程。（对方是长期合作的老客户，负责人也是一个不拘小节的人，所以只说了一句"那就再盖个章吧"，事情就这样了结了。）

该销售人员没有向身边的同事、前辈和上司汇报此事。原因是这家分店正在热火朝天地开展"零失误"运动。这是在每个销售分店推行的活动，分店只要连续 6 个月实现零失误，就能得到总部的嘉奖。

结果，在第 6 个月出现了丢失合同事件，嘉奖自然化为泡影。尽管之前就出现过失误，但因为"零失误"运动推行得如火如荼，致使员工很难主动向上报告。

你是否知道海因里希法则？它指一个重大事故、灾难背后必然有 29 个轻微事故存在，而这些事故背后又必定有 300 个异常征兆存在。

拿这个案例来说，两个月前发生的遗失付款申请单事件就是海因里希法则中所说的"异常征兆"。

尽管没有造成严重后果,但只要发生过令人捏一把汗的事件,就需要及时做好预防。防止出现"有惊无险"的事件,也是领导者的工作。

其实,在"有惊无险"阶段,只要能及时汇报错误,与团队成员共同分析,就能制定出正确的对策,防止类似事情再次发生。

但是,在这个案例中,由于企业正在开展"零失误"或"零事故"运动,上司对失误的过度在意致使下属陷入对犯错的恐惧。企业或团队过度强调规避风险,往往会适得其反,致使出现"隐瞒过失"的现象。

当然,坚决贯彻、表彰"零失误""零事故"本身,是一个好的制度。我并不是说企业严格控制风险不好。不过,通过隐瞒过失而获得嘉奖,说得难听一些,与"靠作弊成为成绩优秀者"如出一辙。

另一边,能干的领导者通常主动公开错误。

以前我在学习班中遇到一位领导者,他在"零失误"

运动正开展得轰轰烈烈之际，主动在成员面前公开失误，而且，他的失误是违反了公司"发邮件时附件文档需要加密"的规定。其实，这不过是个小小的疏忽，但他还是当着大家的面承认了这个错误。

当被问到这么做的理由时，他说："以前我曾经把发给客户的邮件错发给竞争对手，结果保密信息泄露，出了问题。正因为我有过这样的经历，所以不希望下属重蹈覆辙。"

当团队中有人出现错误或造成类似"有惊无险"的事件时，同样的事也可能出现在其他成员身上。因此，领导者应在团队中营造这样的气氛：在出现过失时，公开错误的具体内容及原因，并立刻制定出今后的对策。

19

 固化 KPI

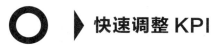 快速调整 KPI

你是否听说过"KGI"与"KPI"？

KGI 是 key goal indicator 的缩写，意思是"关键目标达成指标"，一般指年终希望达成的最重要的数字目标。

KPI 则是 key performance indicator 的缩写，意思是"关键绩效指标"，是评估团队目标完成度的辅助型指标。

一般来说，KPI 是基于 KGI 的数字制定的。

假设本年度的 KGI 为销售额 5000 万日元，为了达成该目标，需要签订 100 个订单。

分解销售步骤，思考签订100个订单需要哪些步骤，然后制订计划，例如：

（1）列出目标客户清单（2800个）。

（2）与目标客户接触（2500个）。

（3）与目标客户洽谈项目（250次）。

（4）提交方案（125个）。

（5）签订合同（100个）。

这时候，为了签订100个订单，先要设定小目标"达成与目标客户洽谈项目250次"，那么，这就是这个案例的KPI。

无能的领导者往往会固化KPI。譬如，下属某月没有完成KPI，领导者下个月让下属再次挑战同样的KPI。即使后来下属迟迟无法完成，也拖拖拉拉地保持这种状态将近一年。

有时候，即使KPI完成了，KGI也没有达成。其实，真正重要的是KGI，所以这时候需要调整KPI。

在这种情形下，要么提高KPI，比如将洽谈项目的数量提高到300次，要么不将洽谈次数作为KPI，而是优化销售流程，以客单价或提交的方案数为准，重新思考、设定KPI。

然而，不懂得灵活调整KPI的领导者不在少数。主要原因在于，许多领导者认为目标一旦制定就不应更改。他们认为最初制定的目标是"绝对的"，必须严格遵守。

人一旦做出决定，就会有按照决定行动下去的倾向，这也被称为"一致性偏见"。

明知道目标有些不妥当，却固执地认为"决定的东西没法改"，这简直荒唐。

相反，**善于培养下属的领导者经常快速调整KPI。**

他们审视KPI的重点如下。

（1）下属是否为了完成KPI做了该做的事？
（2）所设定的KPI今后是否仍然能与KGI的要求相符？

换言之，领导者需要确认下属是否能够完成KPI，不仅提供指导，必要时还需要当机立断，更改 KPI。

然后，领导者需要时刻关注 KPI 的完成是否能按照当初的预期推动 KGI 达成，如果不能，就需要考虑调整 KPI。

领导者只有快速运转 PDCA，当机立断，迅速调整 KPI，才能符合当今时代对理想领导者的要求。

20

 ▶ 任由下属屡次失败

○ ▶ 让下属尝到成功的滋味

领导者不能剥夺下属失败的权利。

只要给下属分派没有做过的新任务，下属就有可能出错或失败，有时还会受到客户的责骂。

例如，让只有销售经验的下属负责安排生产订单，就有可能因为预测销售额过高而导致出现一周的库存损耗，影响销售。这样的事例时有发生。

但是，假如仅仅因为下属的一次失败，就立刻将工作从他手中收回，那么，他永远也得不到成长。

在职业棒球中，候补球员升进第一梯队后，假如因为失败过一次就被打回候补，那么该球员永远也成不了正式队员。

请你回忆一下自己还是新员工时的情景。

在第一次接到任务时，你就能完全胜任工作，拥有足够的技能与经验吗？

不允许失败的话，新进员工或缺乏经验的成员将永远处于"空白"状态。

"培养下属"与"提升业绩"一样，都是领导者重要的工作。

不过，仅仅给下属多次失败的机会，下属并不会得到成长。

"我把许多有机会下大订单的客户交给下属，但过了半年，他连一个订单也拿不到。"

"我多次把拥有经验丰富的成员的项目组交给下属，但没有一个项目组能干得出色。"

"我让下属去给比较难预测销量的产品安排生产订

单,结果 5 次造成库存过多。"

即使再优秀的下属,连续遭遇失败,也会大受打击。结果要么无法处理好手中的工作,要么虽然能完成工作,却心不在焉,陷入消极的状态,更有甚者,连以前胜任的工作也无法完成。

善于培养下属的领导者会让下属体验成功。不过,只让下属尝到成功的滋味,他并不会成长。如果下属一直从事 100% 胜任的工作,就会停下成长的脚步,甚至,有些成长意愿高的下属还会因此失去工作积极性。

能干的领导者常常注意以下两点。

1. 将成功概率高与失败概率高的工作混合搭配安排

下属虽然在一项难度较高的工作中跌倒,但同时在其他工作上获得成功,就能从失败的打击中重新站起来。难易工作混合着安排,是让下属恢复冷静的要诀。

在工作上跌倒,就从工作上爬起来。当下属在一次重要比赛中出错时,对他说诸如"下次马拉松大赛再加油"之类安慰的话，其实起不到什么作用。与其如此，还不如让他在下一场比赛中挽回结果。领导者要给下属通过工作挽回败局的机会。

例如，领导者可以采取如下措施：

- 将接洽难度不一的客户混在同一份名单中交给下属。
- 让下属同时给销量预测难度不同的产品安排生产订单。

2. 即使下属失败，也肯定其成功的地方

下属工作再怎么失败，从客观的角度看都必有其可取或成长之处。领导者可以将这些地方反馈给下属。举个例子，虽然下属没有成功拿下客户，但是，领导者可以对他的部分表现进行表扬，如"提案制作得不错""制作的资料容易理解"。

不过，这种方式仅对工作经验较少的下属有显著的效果，对于能够处理日常工作、希望有更大进步的下属而言，这种"只表扬局部"的做法可能会令对方产生"领导觉得我还不能独当一面"的感觉，因此请慎用。

21

 ▶ 按照自己的生物钟行事

 ▶ 掌握下属的生物钟

某领导者非常了解自己在哪个时间段工作效率最高,在哪个时间段效率最低。譬如,他发现周二、周三、周五的上午是自己工作最有效率的时间,但不适宜开会。因此,他经常充分利用这些时间从事脑力工作,比如制订下年度的预算计划及策略等。

另外,他会利用下午容易犯困的时间进行面试,在傍晚从事每日的例行工作。

还有,他清楚每个月大概什么时候有客户联络自己,上司在经营会议后通常会叫自己去谈话——这位领导者对自己一个月的行程有清晰的把握。

在每个月的前三天，由于上个月月末冲刺业绩带来的副作用，自己工作积极性不高；月中因为有月中汇报，自己常因心情烦躁导致工作进度变慢等——他清晰地了解自己在工作上的生物钟。

能这样客观看待自己，证明他是一位优秀的商业人士。

但是，只做到这种程度，还不足以胜任领导者的职务。

因为，**善于培养下属的领导者不仅能把握自己的生物钟，还能清晰地掌握下属的生物钟**。

譬如，能干的领导者能把握下属的以下生物钟。

- 下属在哪个时间段表现更佳，在哪个时间段表现欠佳。
- 下属和什么人接触时表现会变好或变差。
- 什么时候适合与下属交谈，什么时候不适合。

看到这里，或许有的人会产生疑问："上司这样迁就下属合适吗？"

下属并不是只会机械反应的机器人，而是人。

领导者对待下属的方式不同，下属的反应及随后的工作表现也会不同。

例如，领导者 B 必须迁就客户的时间，调整新产品项目会议的时间。他对参与该会议的 C 和 D 提议："关于会议时间的调整，C 周三 16 时要去某某公司吧？ D 想在上午集中精力做好案头工作，对吧？那么我们把会议时间改在周三的 14 ~ 15 时怎么样？"

假如领导者这么说，下属也会感到"原来领导一直在关注我的工作啊"，这样就能让双方建立起牢固的信赖关系。

本节开头的 A 总是优先按照自己的生物钟安排工作。"对不住，把会议安排在这个时间和这个时间怎么样？"处处以自我为中心安排工作。

下属虽然觉得有些不方便，也会想"这个时间啊……我想想办法",勉强地接受上司的提议。这样的话,下属就无法顺利工作。

另外,把握下属的生物钟还有利于掌握工作所需的时间。能干的领导者在工作中能有意识地关注下属的工作规律。

第 4 章

领导者不应该采取的『沟通方式』

22

 只发表积极言论

 负面话题也可以讨论得很热烈

一般认为,拥有积极思想是一件好事。

但是,并非"在任何状况下都必须积极"。其实,假如一个人认定在任何状况下都必须保持积极思想,反而会在不知不觉中产生越来越大的压力。

尤其是带团队的领导者,一旦过度积极,就会出现以下弊端。

(1)**工作环境得不到更大改善**。例如,一个月前公司官方网站进行了一次更新。遗憾的是,更新后的网站页面看起来比之前更复杂,滚动翻屏需要花的时间更长,反应更慢。

在只鼓励积极言论的团队中，成员很难反映这些应该改善的事项。这些意见虽然是负面的，但是对工作环境的改进而言是必要的。不谈缺点、不提负面信息的工作环境很难得到进一步改善，结果不佳的状态会一直持续下去。

另外，因为没办法讲出心里话，人与人之间只讲一些场面话，关系也会变得越来越紧张。

（2）下属报喜不报忧，有事也不主动找上级商量。 一旦团队成员觉得难以表达负面意见，为了不给工作气氛泼冷水，就会隐瞒过失，或者明明看见不好的苗头，仍然听之任之。有时候，人们还会擅自判断，致使事态走向恶化，类似的情况并不少见。

所以，看似很好的积极思维也有坏处。

正因为这个原因，**能干的领导者有时会与下属一起热烈地讨论负面话题。**

讨论负面话题有以下益处。

（1）下属会主动报告坏消息，有问题会找领导商量。

"A公司的某某很难对付吧？我在负责他的业务时

就吃过苦头。"当遇到需要小心应对的客户时，上司可以用类似的、有别于"讲坏话"的方式说出"难办"的感觉。

这时下属可能会说"对啊对啊，其实……"，然后说出当下的苦恼。如果下属能说出"其实 B 公司也很难搞……"之类的话，团队中就会形成轻松报告坏消息的氛围。

这样就能够防止不好的事态在不知不觉中扩大，演变成严重问题。

（2）帮助下属减少失误。

"今天我的身体不太舒服，下班后想早点回家。"

"某某和某某，C 公司的项目很辛苦吧，今天早点回家吧。"

"今天一大早就开始录入资料，大家都很累了，喝杯咖啡休息一下吧。"

领导者主动提出早些回家或休息，看似在示弱，但是，最终能使下属的劳动效率提高，减少犯错。

（3）防止下属精神状态出问题。

"哎呀！这次 D 公司的竞标真够呛，居然有 8 家公司参加！"

"刚才拜访的公司的前台用不着那么不客气地拒绝我们嘛。"

我曾经对一起跑业务的人说过类似的话。这么一来，下属也会主动说出自己的烦心事，从而转换心情，向下一个目标进发。

当遇到"麻烦"和"困难"时，领导者可以在当场稍事调侃。其好处是能使下属暂时忘记不愉快的事，而不会一直困在压力当中。

所以，说一些负面的话题也有许多好处。有时在会议之类的场合中，领导者可以让下属各自讲述"为难"和"难受"的事，然后互相出主意——"接下来这么做"，一起找出解决办法。

这时需要注意以下几点：①不要中伤任何人；②不要责备发言者。只要遵守这两条，即使领导者说一些负面的话，团队也不会偏离正轨。

23

  痴迷逻辑

○ ▶ 重视信赖与热情

在以前，上司的命令、指示是绝对不可违背的。但在现代，职场中滥用权力等问题遭到人们非议，因此，用"职权""地位"驱使他人的强权管理已经大为减少。

那么，在当下这个时代，应该怎样调动下属呢？

领导者 A 认为，在当下这个时代，只要自己能讲出充分的道理，下属就会行动。于是，他企图用无可争辩的正确逻辑，即通过讲道理说服下属。

然而这个方法并不奏效。在之前逻辑分析类书籍大行其道之时，出现了大量认为"只要自己讲得有道理，别人就会行动"的"逻辑迷"，而A就是这样的"逻辑迷"。

A的办法不奏效的原因，是他忽视了一点：**比起"讲话的内容"，人们更在意"话是谁说的"**。

古希腊哲学家亚里士多德说过："让他人行动起来有三个要素。"这三个要素是信赖、热情和道理。

只要三者缺一，或者不依照这个次序，那么无论你想告诉别人什么，都不会顺利。换言之，在向对方讲"道理"之前，首先彼此之间要有"信赖"，这是基础，然后还需要有"热情"。

譬如，一位领导者对你说："不完成本年度目标的话，分店或许会维持不下去，所以，让我们一起努力度过这个危机。"假如说这些话的领导者平时思想让人捉摸不定，说话语气冰冷生硬，做事只重视形式，你肯定不会产生"好好干"的想法。要是我的话，我会想："现在才说这些有什么用。"但假如这位领导者平时与员工建立了信赖关系，说话也充满感情，下属自然会产生

"无论如何也要克服困难"的想法,团队也会紧紧地团结在一起。

这与亚里士多德的思想完全一致。

"道理"固然重要,但是,在讲道理之前若没有"信赖"与"热情",人是不会行动的。

要想成为值得下属信赖的领导者,重点在于下面两点。

1. 遵守承诺,哪怕是微不足道的诺言

上司比下属忙,有时尽管对下属做出承诺,却可能拖延,甚至没有行动。

那些往往是一些小小的承诺,但许诺的是你这个领导者,既然许诺了,就请遵守自己的诺言。

你遵守对客户和上司的承诺,却不太在意对下属的承诺。下属对你这种不上心的态度的留意程度,远超出你的想象。所以,要么先兑现自己的承诺,哪怕拖延一下其他事;要么别随口客套,轻率地许下承诺。

2. 言行一致

身为领导者，必须说到做到。

假设你是一位兼任管理工作的销售人员，在团队成员面前说过打算开发新客户，却因为工作太忙而做不到。这时候你在会议中说"大家要多开发新客户"，就会遭到反驳："领导自己也没有做到。"

"成天叫我们整理办公桌，自己的桌面却到处都是乱放的文件。"

"叫我们给文件加密，自己却总是不加密就发出去。"

下属时刻在留意领导者的一言一行，所以，领导者要注意言行一致。

24

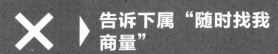

| ✗ | ▶ 告诉下属"随时找我商量" |
| ○ | ▶ 设置禁止下属找自己商量的时间段 |

由于举办讲座和培训班，我平时接触了许多领导者，在与他们沟通时了解到，在培养下属方面，领导者最先出现的苦恼之一就是下属的"报联商[一]"问题。

"我叫下属不要顾虑，随时找我商量，他们却一次也没来。"

"等问题发展到比较严重的时候才找我商量，要是能早点来就好了。"

[一] 报联商指报告、联络、商量。

"下属找我讨论问题时，总是抓不住重点，很浪费时间，搞得我十分烦躁。"

"我正在忙的时候，下属找我商量，结果我就随便对付过去了。"

许多领导者都有类似的意见。其实，下属出现这些行为，原因大多出在领导者身上。

在下属看来，"报联商"时容易令人产生顾虑的领导者有以下三个特点。

1. 上司本身给人一种很难讲话的感觉

上司说"不要顾虑，随时找我商量"，可当下属真的去找上司商量时，上司却皱起眉头说："怎么了？出了什么事？"

下属在有事找上司商量的时候，非常在意上司的态度。这时，如果领导者展现的是下述态度，下属就不可能主动打开话匣。

"我到领导的办公桌前说'有事想和您商量一下'，

领导一边随口答应，一边却仍然在操作电脑，视线都没有离开过电脑屏幕。从那以后，我再也不找领导商量了。"

在下属前来商量时，领导者不应皱眉头，而应该态度和蔼。当下属开始说话时，领导者要停下手中的工作，仔细倾听。

2. 上司只会说"你自己去想"

下属专程找上司商量，上司却只会说"你自己去想"。下属本来是来求助的，却受到如此对待，自然不再愿意去找上司。

听了这些话，一定会有人说："立刻告诉下属答案，他们岂不是学不会独立思考？"但是，领导者什么事都让下属自己去想的话，无异于放弃自己的职务。即使不给对方答案，也应该给出一些解决问题的提示。

假如领导者自己也不知道答案，可以回答："我去查一下。"在现今这个时代，领导者不可能做到全知全能。

下属看重的，其实是领导者应对的态度是否真诚。

3. 一与上司商量，上司就立刻生气

上司平时笑眯眯的，可一旦有事与他商量，他就立刻露出嫌麻烦、不高兴的样子。其实，有这种反应模式的领导者不在少数，领导者很难控制住自己不高兴的情绪。

上司之所以对下属的咨询感到不高兴，主要有以下两个原因。

- 下属说话时抓不住重点。
- 下属来得不是时候。

如果是前者，可以告诉下属，找上司之前先准备三分钟。这种情况多是因为下属来找上司时脑子里千头万绪，不太冷静。

如果是后者，可以采用让下属提前发邮件约时间等解决办法。但是用这种办法，领导者不得不随时查看邮件，工作负担并没有减轻。

这时候，善于培养下属的领导者经常采用别出心裁的方法——**设置禁止下属找自己商量的时间段，并告知下属**。

也就是说，提前告诉下属"希望你这段时间别来找我"。在这段时间，领导者可以集中精力处理自己的工作，然后在其他时间随时接受下属的咨询。

这样上司和下属都不必顾虑时间上的问题，"报联商"得以顺利进行。

25

✕	在无能的下属身上花费大量时间
○	将精力放在能干的下属身上

以前，我曾经把大部分时间用在指导工作业绩不好的下属上。

我也听说过"不要在无能的下属身上花费任何时间"之类的说法。

但是，肆无忌惮地冷落能力不强的下属，将对团队产生负面影响。看到冷漠的领导者，其他成员不禁会想："如果我的工作表现不好，大概也会被冷落吧。"

我就曾经因为冷落能力不强的下属而导致其他成员离职。而且，在这种情况下辞职的通常是具备潜力、领导者对之期待很高的下属。

下属时刻在仔细观察领导者如何对待业绩不好的成员，所以领导者不能对能力不强的下属采取放弃的态度。

然而，花太多时间在能力不强的下属身上也是一个问题。因为，**越能干的下属，大多心里越希望得到领导的指导。**

过去，我的团队中的"能干的下属"接二连三离职。其中最优秀的 S 在离职时对我说："我曾经希望您能稍微关注一下我。"我听了大吃一惊。

虽然每个月都有一对一谈话，但是因为他业绩不错，所以除了一对一谈话，我几乎对他不闻不问。或许，我心中还曾经可耻地认为他为我创造业绩是应分的。

他相当于团队的二把手，无论在业绩还是培养新员工上都做出了巨大贡献，因此，他的离开对团队来说是十分沉重的打击。

越是业绩好的下属，领导者越应该全力跟进，将更多精力花在他们身上。

领导者对能干的下属应注意做好以下三点。

1. 不要将工作过多地集中在一个人身上

有句话叫"能者多劳",但是,让下属一直"多劳"的话,下属的精神就很容易陷入失衡状态,甚至会辞职,这样的现象时有发生。

在销售等部门中,能干的下属随着对新客户的不断开发,手里的客户越来越多,承担的工作也越来越多,需要处理的事务工作也不断增加。

因此,领导者应该主动关心能干的下属,看看他们手中有没有能够转交给他人的工作,帮助他们梳理手中的工作,做一些取舍。

2. 关注对方的精神状态

其实,越是能干的下属,越需要精神方面的关心。

在大多数时候,不论能干的下属工作完成得多优秀，均被视为"本应如此"。人们往往只关心他们的工作结果。

反言之，除了领导者，能干的下属并没有知音。

正因为这个原因，领导者需要仔细评估下属的工作过程，在他们表现欠佳时及时给予关注。对于能干的下属，领导者需要加倍给予支持。

3. 给予指导，助其实现升职加薪

在第 3 章我提到过，一个人的工作受"内在动机"的影响较大。但是无论如何，人们都会在意"外在动机"，即升职加薪等考核结果。

如果一位领导者嘴上对下属说"很认可"，却迟迟不给对方升职加薪，下属或许会产生怀疑："领导只是嘴上说说。"

升职加薪是最显而易见的好评。当然，近些年来也出现了一些不愿意担任管理职务，希望走专家之路的人，他们只想将现场的工作干到极致。这些人或许会拒

绝升职。尽管如此,也需要对其职业发展进行指导。

此外,领导者必须注意一点,绝对不能因为培养了能干的下属,就认为"那家伙是我培养的"而自高自大。不论上司给了下属多大支持,当类似的言论传到下属耳朵里,彼此的信赖关系都会崩溃。

领导者可以把"他是我培养的"这句话暗自放在心里。

26

✗	只提供一个最佳改进方法
○	提供若干改进方法，让下属从中挑选

某部门的领导者 A 每当希望下属改进时，只给出一个自认为最满意的修改方案。他认为，这样下属就不会困惑，并能按照意见好好行动。

例如，他给销售业绩不佳的下属如下建议。

上司："今年只剩三个月了。业绩完成得不是很理想。你觉得最后冲刺一下的话，能完成多少？"

下属："预计大概 500 万日元。"

上司："是吗？你在开拓新业务上还是比较弱啊。"

下属:"是的。对不起。"

上司:"这是房地产开发商的名单,你挨个联系一下试试看吧。"

下属:"……好的。"

另一个部门的领导者 B 在帮助下属改进时,即使心中已经有了一个正确答案,也不会只给对方提供一个选择,而是提供 2～3 个改进方法,让下属从中自由挑选。

上司:"今年只剩三个月了,业绩完成得不是很理想。你觉得最后冲刺一下的话,能完成多少?"

下属:"预计大概 500 万日元。"

上司:"是吗?你可以多开发一些新客户,或者让老客户多下订单,又或者可以试试接触一下那些'休眠'客户,你想怎么做?"

下属:"我想攻一攻新客户。"

上司:"我知道了。在现在这段时间,有可能下订单的新客户有房地产开发商、保险公司、信用银行,你打算攻哪个？"

下属："我想先接触一下房地产开发商。"

上面两段对话最后的结论虽然一样，但你觉得哪种方式会使团队成员表现得更好？

按照 A 的做法，下属只能被动接受上司的指示，没有其他选择，这叫作"说服"。

被"说服"产生的行动通常伴随着"不得不做"的无奈，带上"被迫"的色彩，难以产生好结果。

但凡是人，都有"不愿被说服"的心理，因为人人都希望表达自己的意见，决定自己的行为。

比起被别人指挥，自己选择的行动更容易令人产生"主人翁感"，让人有更高的积极性。另外，一个人对自己决定的事也比较容易萌生责任感。

B 的做法与人的心理需求相符，因此下属比较容易接受。

事实上，后来表现较好的确实是 B 的下属。

"说服"有"我让你明白"的味道，而"心服"来自"自己弄明白"。

被说服与主动接受，两者在行动上的积极性截然不同，行动的质量自然也不同，得出的结果也大相径庭。

因此，领导者希望下属做某事时，与其告诉下属"你要这么做"，不如说"这么做与那么做，你选哪个"，让下属可以挑选。

即使之后下属干得不太顺利，按照 B 的做法，下属也会觉得"这是我自己选的，没办法"，从而坦然接受。但按照 A 的做法，下属不会将该工作当成"自己的事"，自然无法接受。

如果下属按照上司的吩咐行动，在事情不顺时还被上司追问"是什么原因导致做不到"，就会对领导者产生不信任的感觉。

要想下属积极行动，不应说服，而应留意如何让对方"接受"工作。

27

 ✕ ▶ 平等对待所有下属

○ ▶ 根据下属的特点改变接触方式

"有的下属打招呼时，上司满面笑容，言语亲切，但其他下属打招呼时，上司却一脸不耐烦或假装没看见。"

"有的下属犯错，上司轻描淡写地说一句'下次注意'，对有的下属却当众大声呵斥。"

这种"看人下菜碟"的领导者自然无法赢得下属的信赖。

常言道："上司看透下属需要三个月，而下属看透上司只需要三天。"下属经常观察上司的行为。

当下属看到领导者对一些人的无情态度时，他们就会担心自己有一天也会遭到同样的对待。因此，领导者必须对所有下属采取一视同仁的态度，保持同等的沟通。

尽管如此，但领导者在安排工作或与下属相处时处处讲平等也并非好事。

其实，**善于培养下属的领导者常常根据下属的实际需要，改变对待下属的方式。**

1977年，保罗·赫塞与肯尼斯·布兰查德提出了"情境领导理论"。这一理论谈到对待下属不可千篇一律，而应根据下属的"成熟度"（包括意愿、能力、自立程度等）进行领导，改变工作的分配方式及授权程度。

根据情景领导理论，下属的成熟度分为以下四个阶段。

阶段1：几乎不具备业务知识或技能

对这一阶段的下属，领导者需要给出详细的指示，领导风格偏"指点型"。

阶段2：对业务有一定程度的熟悉，但有些地方还做得不够好

对这一阶段的下属，领导者不仅需要给出指示，还需要告知对方工作或行动的意义。领导者需要给下属知识、技能之外的支持，领导风格偏"说理型"。这么做的主要目的是帮助下属建立起工作中的行为习惯。

阶段3：对业务独当一面，但容易陷入惯性

对这一阶段的下属，领导者可以减少单方面的指示，取而代之的是加强精神上的支持，尊重下属的自主性，与下属合作解决问题，领导风格偏"参与型"。这么做的主要目的是培养下属独立思考的能力。

阶段4：成为创造高业绩的专家，值得信赖

对这一阶段的下属，领导者需要大量减少单方面的指令或支持，将事情交由下属决策，领导风格偏"授权型"。这么做的主要目的是让下属有责任感。

能干的领导者通常根据以上四个阶段转换对待下属的方式。

这样一来，领导者就不会要求阶段 2 的下属具备阶段 4 的技能、能力，否则只会摧毁下属的自信；也不会像对待阶段 1 的下属那样，事无巨细地给阶段 4 的下属下指令，否则只会打击其积极性。

但是，当下属提出"为什么对不同的人采取不同态度"之类的疑问时，领导者必须能清楚地说明理由。

领导者需要时刻留意下属的状态，根据下属的实际情况随机应变。

28

 ▶ 企图与所有下属搞好关系

 ▶ 放弃合不来的下属

新晋领导者 A 很注意和所有下属构建信赖关系。有一次，A 的团队新来了一位下属 K。K 销售业绩平平，且很爱夸夸其谈。另外，每当 K 在团队中发表意见时，总说"N 的意见其实和我一样"。N 是一位只按照吩咐做事，缺乏主动性，业绩也迟迟不见长进的下属。他平时虽然没有明显的抵触行为，但喜欢推卸责任。

K 常和 N 一起聊天，所以经常和 N 一起消极抵抗 A 提出的意见。

A 心想"你们有那么多时间闲聊，还不如

好好提高业绩",却将这个想法按捺了下去。因为他认为,领导者的职责就是辅助下属,所以需要耐住性子。

但是渐渐地,A在平时的会议中一味顾虑K和N的反应,反倒被他们牵着鼻子走。A认为领导者必须与所有下属搞好关系,结果不知不觉压力越来越大,最后病倒了,整个队伍也人心涣散。

这是刚当上领导者的人容易出现的情况。

领导者无须成为圣人君子。

有时候,对于合不来的下属,该放弃时就要放弃。

然而,这并不意味着随意弃下属于不顾,或者挥舞上司的权力压迫下属。正如本书反复提到的,团队中的成员一直在仔细观察领导者对待其他成员的态度。

在这种情况下,能干的领导者可以与二把手协作。

假设团队中有一位下属与身为领导者的你不合,你说什么他都唱反调,这时,只要那位下属在某种程度上还肯听二把手的话,就可以把他交给二把手,让二把手把情况汇报给你即可。

这么做的好处是，二把手的下属无须接受你的谈话，也能够持续推进工作。

将那位下属交给二把手时，不要猝不及防地将他甩给二把手，而是采用二对一的方式，有一个过渡的时期，然后用比较自然的方式将他交给二把手。

在K这样的下属身上花费太多时间，团队资产（领导者自身可用的时间）将会减少，从这个角度看，并不符合众人的期望。

领导者与每位下属都能保持良好关系是十分罕见的。据说，只要团队中的下属人数超过7人，就必定会出现与领导者合不来的人。

对于合不来的下属，领导者不必独自面对，可以和包括二把手在内的所有成员一起应对。

29

 与下属一起吃午餐

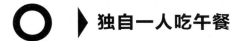 独自一人吃午餐

过去,工作结束后上司与下属常常一起去喝酒,人称"酒话会"。席间下属向上司请教工作窍门,上司也可以倾听下属倾诉平时不会说的苦恼。

但是,如今举行这种酒话会的机会变得越来越少。

"我很重视下班后的私人时间。"

"趁着酒劲儿提出的建议往往没有什么建设性。"

"听上司自吹自擂或说教,简直比加班还累!"

举起例子来可谓数不胜数，由于这些理由，"酒话会"文化逐渐没落了，取而代之的是"午餐会"。

午餐时间只有一小时，谈话者既不能无休无止地絮叨，也不会像在酒桌上那样容易失言，可以避免许多麻烦。

这么看来，领导者与下属共进午餐可谓有百利而无一害。

但是，"午餐会"也有以下弊端。

1. 部分下属会有拘谨的感觉

诚然，平均地与全体下属吃午餐是很困难的。有的下属外勤较多，很少在公司；有的下属习惯自己带午餐。

这么一来，自然会出现这样的现象：一些人经常与领导者一起吃午餐，而另一些人却很少与领导者一起吃午餐。有时候，领导者顾虑下属正在忙于手头的工作或已自带午餐，也不好意思邀请。

这将会导致下属之间互相嫉妒、抱怨——"领导成天和 A 在一起聊天"。

2. 自由时间被剥夺

午休是休息时间，并非工作时间。因此，在这个时间段下属愿意与谁吃午餐属于个人自由。当然，倘若午休行为会影响下午的工作品质或妨碍工作，那么另当别论，但只要没有这些问题，午休时间做什么是个人的自由。

譬如，有的人希望把这段时间用于"自我投资"，如读读工具书，为资格考试做准备，听听英语等。

最近，越来越多的人开始午睡。据说中午小睡15分钟，抵得上晚上睡3个小时，而且午睡恢复的精力与注意力能够持续150分钟。

这种"自我投资"的时间，很可能因为午餐会而受到妨碍。

3. 午餐会不一定能促进沟通

虽然不像喝酒那样，但只要数名成员在一起吃午饭，就必然会产生上下关系。有时还会出现声音大、诉求强的人一直在抢话的情况，其他人只得苦笑。

有时候午餐会还会演变成说不在场成员坏话或发牢骚的场合，这样的事屡见不鲜。这样的话，不仅没有达到交流的目的，还会让人感到更加疲惫。

因此，领导者基本上还是自己一个人去吃午餐比较好，或者，偶尔悄悄地和公司外面的人一起吃。善于培养下属的领导者就是这么做的。

与下属的交流可以在平时的会议中完成，如果需要额外交流，也可以在会议室进行。

其实，在平时的工作中缺少充分交流，才是问题所在。尽管如此，有的领导者还是希望利用午餐时间进行沟通。那么，请给下属同样频次的交流机会，并且一对一进行，因为一对一有助于深入交谈，下属也可以敞开心扉，说出不愿让其他人知道的心里话。

30

✗	在谈话时点咖啡
○	在谈话时点芭菲或水果凉粉

　　领导者和下属一对一谈话时，可以去公司外面的咖啡馆或者酒店的大堂。过去，我也常与下属在公司外进行一对一谈话。谈话地点变了，人的心情也会随之改变，谈话时彼此也比较轻松。

　　然而，明明特意选择了可以放松的地方，有的领导者却无法脱下自己"坚硬的盔甲"。这种领导者必定一坐下来就点咖啡。甚至有些过分的领导者还会问下属"点热咖啡可以吧"，不等下属回答就立刻对服务员说："来两杯热咖啡。"

本来，一对一谈话正是帮助下属脱下平日坚硬的"盔甲"，听下属倾诉苦恼或难言之事的好机会，但是，领导者点了平时常喝的咖啡（在这里要对喜欢喝咖啡的读者说声抱歉），下属难免觉得"不自在""还是不要乱讲话为好"。

因此，领导者在面对平时沟通较少、表现欠佳，或似乎正在苦恼的下属时，应当主动打破自己的"外壳"。在这种场合，能干的领导者通常会点芭菲⊖、水果凉粉或奶油苏打。点这些东西有下面两个好处。

1. 起到"破冰"的效果

点咖啡、红茶等正统饮品，对打开话匣几乎没有帮助。一般点完以后，双方就会陷入沉默。更有甚者，在饮品被送来之前，双方都在埋头看各自的手机。

但是点芭菲、水果凉粉或奶油苏打，双方一定会开始闲聊。

"您喜欢吃甜品吗？"

⊖ 法语 parfait 的音译，意为冰激凌水果冻。

"以前经常喝奶油苏打。"

"两个大男人一起吃芭菲,感觉有点怪怪的。"

也许你觉得这种闲聊没什么意义,但它往往能起到不可小觑的破冰效果。

下属会觉得"原来不必那么紧张",于是卸下"外壳",说起话来也轻松多了。

2. 卸下思想包袱

任何人都在无意识中持有"必须如此"的固定观念。

伟大的爱因斯坦说过:"所谓常识,就是18岁前养成的偏见的合集。"

"在咖啡馆里必须喝咖啡。"

"干杯时必须用啤酒。"

"与上司吃饭,必须点和上司一样的东西。"

这些所谓的商界"常识"尽管每个人有些许不同,但几乎人人具备。因此,领导者应当主动打破常识。

这么一来，下属会觉得"在这个领导面前说什么都可以"，从而放松精神。

领导者在下属面前需要主动卸下"盔甲"。

除了点餐之外，在谈话时说"天气很热，把领带取下来吧""我可以脱掉外套吗"，也是领导者缓和气氛常用的办法。

在需要与下属深入交谈时，领导者应当刻意进行类似的破冰。

31

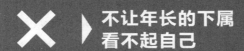

✗ ▶ 不让年长的下属看不起自己

○ ▶ 尊重年长的下属

最近，不少领导者为如何与年长的下属沟通而感到苦恼。在我的讲座或学习班上，要求讲这一课题的呼声也越来越高。这是一个越来越严重的问题。

谈论这一话题有一个前提，就是我之前讲过的，上司与下属并非"上下关系"，彼此只是分工不同。

尽管对方是下属，但领导者对年长的下属直呼其名，或用"喂"之类带有挑衅意味的方式称呼对方，是十分没道理的。

虽然领导者不必过度谦卑，但应保持基本的礼貌与尊重，称呼对方的时候，也最好在名字后加上"先生"之类的敬称。近年来有些企业规定，对年轻的下属也必须加上敬称，我个人认为，在表示尊重这一点上，这是一个很好的措施。

另外，领导者容易对年长且富有资历的下属抱有过高期望，希望年长的下属成为团队中的重要战斗力，同时希望对方不只做一名普通成员，为团队做出更多贡献。

领导者对年长下属满怀期望，将各种工作托付给他们，也是一个办法。但是在这之前，最好还是先观察一下对方的人品和工作表现。

年长下属不论好坏，都在团队中拥有强烈的存在感。如果他们能帮助其他成员解决问题，将大伙儿引向好的方向，可以直接将工作托付给他。

但如果年长下属动不动就发表"过去是这样做的""这种干法不行"之类的负面言论，扰乱军心，动摇士气，就不可以将其他成员托付给他。

对于那些只想顺利熬到退休，不愿接受新工作，只想按吩咐做事的人，或者仗着有一些管理经验就在背后抱怨"这个部门的做法太幼稚"的人，领导者尤其需要当心。

不过，话虽如此，领导者需要注意的是不能瞧不起年长的下属。

认真听取年长下属的意见，在此基础上，注意不随意将下属交给他们指导或让他们承担二把手的职责。

此外，不少年长下属虽然做事认真，却不太灵活。

尤其是没有承担过管理职责或能力并不出众的人，在他们身上往往能看到这一问题。一般来说，这些年长下属或许有些擅长的技能，但不太善于构筑融洽的人际关系。

他们与前面所说的年长下属不同，有较为强烈的"承担更多工作"的愿望，同时为团队做贡献的想法也比较强烈。

对于这种类型的年长下属，在他们擅长的领域内可以多向他们请教，或将该领域的工作托付给他们。

这样既对业务有帮助，又满足了他们的需求，也能在彼此之间建立起良好的关系。

在把工作交给年长下属时，可以用下面的方式表达。

"某某先生，我希望您成为年轻成员的顾问。"

"某某先生，请您给其他成员传授一下销售方面的理论。"

"可以请您每个月在学习会上讲一次课吗？"

领导者不能只对年长下属的战斗实力表示期待，还应该告诉对方自己想依靠他们，这是让年长下属愉快地行动起来的关键。

第 5 章

领导者不应该使用的『批评方法』与『表扬方法』

32

| ✗ | 批评错误的结果 |
| ○ | 不批评错误的结果，而是批评疏忽汇报的行为 |

领导者 A 在下属犯错时常常怒吼"你在干什么"，并一直追究"你为什么会做错""你总是这么不小心"。

A 认为，如果不对出错的下属狠狠发火，对方就不会反省，所以总是尽可能严厉地斥责下属。他毫不掩饰自己的情绪，与其说是"批评"，不如说是在"发脾气"。

面对这种态度的 A，下属们想："一报告领导就要大发脾气，犯一点小错的话就干脆不说，或者拖一拖就过去了。"所以，每当错误发生时，他们总是尽量拖延报告。

结果当问题报到 A 这里时，事态已经严重得无法收拾，处理起来十分被动，导致 A 手忙脚乱。

A 的团队气氛越变越糟，下属也迟迟成长不起来。

另一个部门的领导者 B 在出现错误时，总是半开玩笑地对下属说"哎呀，失手了吗""怎么了怎么了"。而且，不论情况多严重，他都会宽慰前来报告的下属："真难为你了。谢谢你的汇报。"

或许有的人想：在这种时候还安慰下属，下属岂不是会变得娇气？用这样的方式对待下属，下属岂不是不知道反省？

但是，善于培养下属的领导者为了让下属安心报告，会先对下属勤奋工作的态度表示慰问。

他不认为面前的下属是"出错的、没用的家伙"，而是把他们视作"敢于如实报告难堪的过失"的人。

另外，如果领导者对下属宣泄情绪，下属就会产生畏惧心理。下属满脑子盘算着怎么逃开，时常隐藏重要信息，致使上司无法做出理性判断，这样反而本末倒置。

其实，下属对于自己所犯的错误，大多数时候都会认真反省。既然如此，重要的是对已发生的事实采取什么行动，以及今后如何改善。

因此，领导者应仔细听下属的错误汇报，然后确认事实。为了让下属保持平常心，不要给他们不必要的压力。

不过，B虽然不斥责犯错的下属，但并不等于不批评。

当下属疏忽汇报时，他会严肃地批评。

"犯错虽然不好，但有时也是难免的，不过我希望你能及时报告。如果不报告，我会严厉地处分你。"他会提前说清楚批评的标准。

有的人说，不经常批评下属的领导者不是好领导。的确，完全不批评下属并不好。但是，如果因为一些鸡毛蒜皮的小事训斥下属，下属就会变得畏首畏尾，遇事拎不清轻重。

如果下属在无关紧要的细微之处被过度苛责，或许就会弄不明白应该优先改正什么。

同时,一些下属还会想"为了不被批评,还是保险一点,只做绝对不出错的事",因而停止思考。

善于培养下属的领导者不会批评细微的错误。

因为,只抓重点是他们的规则。

33

| ✗ | 事后批评 |
| ○ | 当场批评 |

假设有一天，你的下属失败了。

身为领导者的你尽管当时在一旁看到他的错误，却因为忙于自己的工作，觉得不立刻提醒也没关系，所以没有当场指正。

10天后你终于有时间了，恰逢与下属进行一对一谈话。这时你就那个错误对他进行了批评。

日理万机的领导者或许都有过类似的经历。但是，这种批评方式非常不可取。对于10天前发生的事，下属或许已经记不清了。说不准他连曾经出过错都忘记了。这时才回顾过去的失误可谓毫无意义，只会浪费时间。

另外，从下属的情感上来说，上司过了一段时间才批评，无异于翻旧账。所以，领导者还是不要这么处理为好。

"关于你之前的提案，我想说一下""之前就想跟你说……"，如果你发现自己说过类似的话，就要小心了。

你以为自己是在理性地给对方提意见，下属却会感到不满和抵触："提案都过去好一段时间了，你还在耿耿于怀吗""既然之前就想说，为什么不早说"。

能干的领导者批评人的时候总是"当场批评"。

事情发生之后立刻批评，下属既不会忘记做错的事，也不会有"事后算账"的感觉，因此也能比较坦诚地接受批评，之后也比较容易改进。

如果下属犯的错给他人添了麻烦，必须先处理，可以先跟下属打好招呼："关于今后如何防止出现类似的错误，稍后我们再谈。"用这种方式，既能让下属理解事情的严重性，在之后讨论这个问题时也不会惹下属反感。

还有，在批评下属时，要抓住一个重点进行批评。

大概有不少领导者认为，在批评下属时，"应该反复批评，直到对方改正"。但是，领导者说得再多，下属也未必会改正。

重点在于推动下属在行动上迈出"改正"的第一步。

因此，当场批评下属时需要抓住一个重点，敦促下属立刻改正。假如此时扯上对方过去的过错，"说起来，之前你还犯过某某错误"，那么，下属就会弄不清楚到底应该改正什么，对改正的优先次序也感到茫然。

再有，当下属在接受批评后有了行为变化，领导者可以立刻表扬，让对方认识到这是"好的行为"，那么下属就会将这种行为持续下去。

一个人行为上的改变，从被批评到做到，可以分为三个阶段：意识到→做做看→做到。

领导者不仅需要让下属察觉到自己的过错，还应该将他们的行为看在眼里，帮助他们从"做做看"变为"做到"。

34

✗ ▶ 认为不应该批评下属

○ ▶ 划定批评的范围

在前文我也提到过，能干的领导者很擅长批评。

不过，在领导者当中，认为"不应该批评下属"的人不在少数。

某部门的领导者 A 也是认为"不应该批评下属"的人之一。

A 心中积压了许多对下属的不满。因为压力，他在上班途中不小心与别人发生碰撞，也会对对方怒目而视，认为"对方不肯道歉，实在不讲道理"。在家中，他也动不动对家人挑三拣四，呼来喝去。显然这种压力已经给他带来了恶劣的影响。

对 A 来说，这种状态十分糟糕。

像 A 这样认为"不应该批评下属"的人，必定曾经因为受批评而留下了不愉快的回忆或遇到过糟糕的事情。

"批评下属的话，他会辞职的""下属肯定会觉得很不舒服"，这样的领导者在批评完下属后，满脑子想的都是自己与下属的关系会变糟糕。

但是，在培养下属的过程中，批评是必不可少的。

如果领导者自身曾经因为受批评而发生了巨大转变，就能在需要的场合对下属进行批评。

在这里，重点不在于"是否批评"，而在于**了解"正确的批评方式"，让批评方与被批评方的心情都保持愉快**。

无能的领导者的批评方式有以下共通毛病。

1. 冒犯他人人格

"连这种事都不会做，你不觉得丢人吗？"

"亏你还是某某大学毕业的。"

这些与错误本身无关、有个人攻击嫌疑的批评方式是绝对不可取的，领导者可以将批评的重点聚焦在"下属的行为"上。

2. 拿下属与某人比较

"和一起进公司的 B 相比，你差多了。"

"除了你，所有人都完成了。"

在指出下属错误时，拿他与别人比较，下属很容易产生情绪，自然不肯调整自己的行为。如果一定要比较，可以拿他现在的表现和过去的表现进行比较。

3. 批评的内容前后不一致

"上周明明说这么做可以，但这么做了，还是挨了批评。"

"同样迟到，领导只批评 A，却不批评资深的 B。"

领导者的批评一旦不一致或不平等，下属的行为就不会改变。如果一定要"朝令夕改"，更改自己说过的话，那么请告诉下属"更改的原因"，这样就没有问题。

另一边，善于培养下属的领导者会**清晰地划定批评的范围**，即下属"做了什么事会遭到批评"。

譬如：

- 不批评挑战失败的下属，但批评不肯挑战的下属。
- 不批评错误本身，但批评疏于报告的行为。

领导者划定批评范围，明确"这种行为会受到批评""那种行为不会被批评"，与下属共享，就不会因为批评而破坏与下属之间的关系。

害怕批评下属的领导者请务必参考这个办法。

35

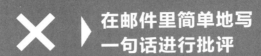

✗ ▶ 在邮件里简单地写一句话进行批评

○ ▶ 面对面批评

以前，我身上发生过下面这么一件事。

我身边有一位下属W，他是一个性格开朗、风趣健谈的人，只要他在，就一定不会冷场。但是，他的销售业绩迟迟上不去。

一天，我的上司追问我"今后你打算拿他怎么办"，加上平时我对他也很头疼，于是在当天傍晚，我发了一封邮件给他："今年你的业绩还是很糟糕，今后你打算怎么办？你仔细想一想，明天把答案告诉我。"

发完邮件后，我直接下班了。在搭电车回

家的路上，W打来电话，当时我想"现在已经是下班时间了，他也需要时间好好想一想"，于是没有接听，也没有回电话。

第二天，我刚到公司，W就脸色苍白地赶上前来。我们俩进了会议室，他一个劲儿地说"真对不起"，与平时判若两人。

听了他的话我才知道，在收到邮件后他大受打击，一直在想"原来我给公司添了这么多麻烦"，当天晚上几乎整宿没睡。

这时我深深地感到懊悔。原来自己短短几行字的邮件，就把他逼到了这种程度。作为领导者，我做了深刻的反省。

邮件是一种不受时间限制的沟通手段，十分方便，但就像这次一样，一丁点儿沟通上的偏差，就会给人带来致命的伤害。

使用邮件沟通，由于接收者看不见对方的表情，所以只能通过发来的"话语"去想象对方的状况。

在收到"恭喜你""干得好""谢谢你"之类表示喜悦与感谢的话语时，接收者会非常高兴，但是，像我那样发送责备或批评意味的邮件，对方会感到非常郁闷、难过。

此外，邮件是可以保存的。我也有过类似的经历，当反复阅读上司怒气冲冲的邮件时，人很容易多想。

因此，领导者在批评下属时，**应当尽可能面对面批评**。

面对面批评的话，下属可以看见上司的表情，不会产生不必要的担心，同时，有疑问的话，还可以当场提问。

当下属不在身边而领导者觉得有必要提醒一下时，领导者可以给下属打个电话。这个办法虽然不及当面交谈，但至少能从对方的声音中捕捉到细微的情绪变化，这时只要加入缓冲的语言，就不会让下属感到不必要的压力。

除了批评，别的场合也一样。最近的商业工具书中，有的人提倡"写邮件时只写一行字"，我想这源于近几年缩短劳动时间的风潮，但我对这种做法持疑问态度。

假如你是客户，当商业合作单位发来的邮件上写着"请在 17 时前填写申请表"，你会对对方有好感吗？无论彼此之间多么信任，都可能因为类似的原因使双方的沟通出现问题，破坏彼此的信赖关系。

另外，也有观点认为上司与下属的关系只需要停留在职场之内。可是，一旦两者之间变成"写邮件时只写一行字"的关系，领导者就会陷入完全看不清对方的状态。

对于领导者来说，在工作繁忙时收到只有一行字的邮件，心中必然十分烦躁；相反，下属收到只有一行字的邮件，会以为上司有弦外之音，或许会因此产生不安。

这样写邮件虽然节省时间，但是，多写几行字也不过多花几分钟时间。

在与下属的沟通上，领导者不可以图省事、走捷径。

36

✕	凭感觉表扬
○	阐明表扬的理由

我平时举办学习班或担任企业教练时，经常与管理者谈话，因此有机会倾听管理者诉说他们关于"自己不善于表扬"的苦恼。

我多次询问原因，回答大抵是"不想被别人觉得自己在奉承讨好""不希望别人觉得自己是谄媚之人"。

从根本上说，"表扬"与"奉承"的区别到底在哪里？

两者的区别在于**表扬反映的是事实，而奉承体现的并不是事实**。

例如，对获得年度 MVP 奖的人说"你很厉害"，当骨干下属拿下大客户、大订单时对他说"不愧是你啊"，并不会构成什么问题。

有问题的是无缘无故地称赞别人"很厉害""不愧是你""很出色""很努力"等。下属对于这些近似奉承的话非常敏感。

越是不善于培养下属，无法与下属构建信赖关系的领导者，越经常说这些"奉承话"，结果不知不觉间遭到下属嫌弃。

另一边，善于培养下属的领导者**在表扬时，一定会加上理由**。这样不会令下属觉得"奉承""轻浮"。

"真不愧是你啊！那么大的客户都被你拿下了。"

"采购那款新产品的是 T 吧？亏你能找到那么好的产品！"

"你这个月开发了 3 个新客户？真厉害！"

"昨天会议上你的那段发言很精彩！"

话虽如此，但如果领导者表扬的理由不够清晰，或者对方太过优秀，随意表扬反而会有损他的积极性，那么借第三者的话来表扬也是一个办法。

"客户对你之前制作的提案赞不绝口。能做出那么简单明了的提案，真不愧是你啊。"

"我带客户去了你之前推荐的那家意大利餐厅。客户觉得那里的气氛很好，十分高兴。谢谢你的推荐。"

像这样将第三者说的话告诉对方，增加了表扬的可信度，而且在自己不在场的时候被表扬，下属会更加高兴。

比如，上司可以用以下两种方式表扬下属。

（1）"某某君，你能在与A公司的竞标中获胜，真了不起。"

（2）"部长也说'某某君能在与A公司的竞标中获胜，真了不起'。"

采用第一种说法，下属固然高兴，但用第二种说法，让下属知道在自己不在场的时候，部长说了那样的话，他会更加开心。

在这里需要注意一点，就是绝对不能说谎。

如果你对下属说"某某这么说过"，但并非事实，之后下属对某某表示感谢时，对方却说"我没说过那些话"，那么你和下属的信赖关系将受到严重损害。

这种与事实不符的表扬才是"奉承"。

37

✗	表扬结果
○	表扬过程

在前一节，我写了在表扬时最好加上理由，但是，有的下属的工作偏于幕后，无论他们怎么认真努力，都会被视作"理所当然"，从而得不到表扬。

譬如，营销和销售等与业绩指标直接相关、与客户直接接触的岗位经常能获得表扬，但助理以及从事事务性或财务等工作的人很少有机会得到表扬。

不善于培养下属的领导者只表扬结果。

完成看得见的业绩指标的下属经常被表

扬，而与业绩指标没有直接关系的下属则得不到表扬。不仅如此，那些成果难以衡量的下属在做错事或出现失误时，反而更容易遭到严厉指责，这是十分不公平的。

可耻的是，我也曾经有过类似的行为，所以，帮我做企划书设计的助理突然辞职了。

他平时工作认真，任劳任怨，因此，在他提出辞职时，我吃了一惊。

后来，我从其他成员口中听到他说过："隔壁的课长经常对助理说一些暖心的话，给助理买点冰激凌什么的，吉田先生却是一副'理所当然'的样子。"

我其实也想笑脸相待，对他说一些贴心的话，但回想起来，自己似乎没有表扬过他。而且，在有紧急工作请他帮忙时，我嘴上说"不好意思"，却从来没有向他道谢。

如今我十分后悔。领导者对下属的不满就是如此浑然不觉。

但善于培养下属的领导者能**表扬无形的工作过程**

及**"应分"的工作**。比如，他们对助理不是一副"理所当然"的态度，而是表扬对方"把别人托付的工作安排得十分妥当""工作仔细、精确"。

只要领导者真心想表扬下属，留意那些被视作"应分"的工作及工作过程，就会发现大量表扬机会。这样领导者在表扬下属时，态度就会比以前更自然，心里也更轻松。

如果这样还不会表扬，可以**把"我"作为主语**。

"某某制作的合同十分精确，我得救了。"

像这样在谈话中用"我"做主语，不管对方怎么谦虚地回答"您过奖了"，领导者都可以说"这是我的感觉"。

用这个办法，即使对方的工作普通得令人难以表扬，你也可以十分自然地表扬他。

第 6 章

领导者不应该使用的『开会』与『谈话』方式

38

 ▶ 降低自己出席会议的频率

 ▶ 降低下属出席会议的频率

一旦成为领导者，出席会议的频率就会大大上升。

领导者成天爬会议这个"梯子"，有的人甚至一天的大半时间都用于开会，然后就这么结束工作。

会议中固然有有用的东西，但也有一些会议是可以用邮件或内部聊天软件等方式替代的，比如例行报告会。

那些出席者几乎一模一样、每周例行举办的会议，能取消的话最好还是取消。

我在担任团队领导者的时候，会把需要出席的会议梳理一遍，降低参加会议的频率，比如将原本每周参加的会议改为隔周参加，或者设法缩短会议时间。

假如单纯从领导者个人的角度考虑，这么做就够了。

但如果为了下属，这么做是不行的。

以前，我曾经去一家公司举办学习班，在调研那家公司的一位销售员的行动日程时发现，他花了许多时间参加会议，用在业务上的时间却很少。而且，他花了大量时间参加一些没必要出席的会议或讨论。

例如，市场营销的负责人参加销售部的会议，或销售部的年轻业务员为了了解生产部门而参加生产管理会议，这都可以理解。

有问题的是：只要别人一招呼"某某你也来参加一下吧"，就去参加会议，实际上连说话的机会都没有；尽管只有一位客户来访，却抱着"都去见一见"的想法，叫上四五个人去接待客户、参加讨论。

善于培养下属的领导者经常会替下属思考应该参加

什么会议，甚至思考"A 适合参加这个会议，其他会议可以让 B 出席"。

领导者应该把握下属在什么地方能够有最高水平的发挥。

领导者可以根据会议的内容、目的，以及其他出席者，考虑该会议是否适合下属参加，能否提供机会让下属学习知识，补足他的短板。领导者应在从广泛的角度研究后，才决定让下属参加会议。相反，如果并没有产生这些作用，就绝不让下属参加会议。

假设有一个两小时的会议，原本五名成员参加，今后缩减为只让两名成员参加。假如每人每小时的人工费为 3000 日元，单是做出这个决定，就能省下 3000 日元/（人·小时）×2 小时 ×3 人 =18 000 日元。

不仅如此，这三名不参会的人员还可以利用这段时间处理其他业务，实际产生的收益将超过上面计算所得的金额。

这种思维不仅适用于会议和讨论，对公司外部的培训也一样。不少领导者在让下属参加培训时并没有清晰的思路。

但是，善于培养下属的领导者在派下属参加培训前，总是先仔细分析培训是否适合下属，明确参加培训的理由。

时间是宝贵的资源。特别是在会议方面，有的会议有用，有的会议没多大用处，这也因每个下属而不同。

领导者应当带着这种意识，决定是否让下属参加会议。

39

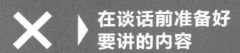

✗ ▶ 在谈话前准备好要讲的内容

○ ▶ 什么都不准备

某部门领导者 A 在与下属进行一对一谈话时，总是提前仔细准备谈话内容。他认为，难得与下属交谈，如果不做任何准备，就是浪费时间。

假设领导者认真地准备谈话内容，像这样开头："最近你好像约不到客户，今天我们就谈谈怎么约客户吧""最近你经常写企划书吧，我们谈一谈写企划书的方法吧"，总让人觉得有些生硬刻板。

事实上，如果领导者在谈话前准备得太细致，专程安排的一对一谈话就会变成对工作进度的检查。

但是，领导者想和下属谈的并不一定是"平时的工作"。

在这种场合，领导者提出的问题会带有越来越强的问责意味，原本"为了下属"而安排的谈话，后来却变成"为了领导者"。

这样的话，双方必然无法建立起信赖关系。对下属来说，谈话也变成了痛苦的"义务"。

另一边，善于培养下属的领导者**不会准备谈话内容**。

在闲聊后，领导者问下属"今天我们谈些什么"，让下属决定谈话的内容，这样下属就会把谈话当作自己的事来认真对待。

在谈话中，只要以下属想谈的内容为中心，比如业务上的困惑或其他希望商量的事，下属必然会拿出认真的态度。

另外，如果领导者在一对一的谈话中养成一开场就问对方"今天我们谈些什么"的习惯，下属也会主动准备一个话题。

尽管如此，许多时候下属还是提不出想谈的话题。在这种场合，领导者可以以"我曾经有这样的烦恼"开头，用自己过去的失败启发对方。那么对方也会安心地与领导者交谈。

一对一谈话原本就是为了下属。既然如此，领导者就不应该将"得到自己想要的答案"的想法带到谈话里来。

如果上司想这么做，可以另找时间。在一对一谈话的时间里，领导者应该以下属想谈的内容为中心，倾听下属的烦恼。

再者，当信赖关系建立起来后，下属通常会谈到个人话题。下属肯与领导者讨论个人问题，证明上司赢得了下属的信任。

不过，对个人问题，领导者最好不要给出解决方案，而只是与对方共情，停留在"倾听"的阶段。因为，对工作之外的事情，上司很难给出具体建议，也无法负责。其实大多数时候，下属并不指望上司提供解决方案，只是希望有人倾听。

40

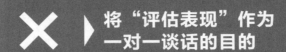

✗ ▶ 将"评估表现"作为一对一谈话的目的

○ ▶ 在一对一谈话时不涉及评估

某部门领导者 A 曾经认为一对一谈话是"进行评估"的场合。

虽然他没在谈话中直接考核对方,但总是把话题引向"那件事最后有什么结果""最近你在做什么工作"。

当然,这些全是领导者想知道的。

下属为了自己的评估结果着想,也会报喜不报忧。

可是,在这种状态下,领导者无法与下属建立起信赖关系。

我这么写，一定有人反对："为了让下属做出更好的成绩，这么问有什么错？"

诚然，正确评估下属，帮助他成长是领导者的责任。用提问的方式了解下属工作的实际情况，给出恰当的建议，助其成长，对构建上下级关系而言或许已经足够了。

可这样的话，大多数时候双方都会掩藏真心，使彼此的关系流于表面，无法建立起无话不谈的信赖关系。

本节开头提到的 A 看似与下属相处和睦，其实与下属存在着距离感。

人在工作中总有状态良好或状态不佳的时候。当下属状态不好时还能找上司商量，这才是真正的信赖。

另一边，领导者 B **在一对一谈话时绝口不提与评估有关的话题。**

他认为，领导者的职责是在与下属建立信赖关系的同时帮助下属成长。所以，在一对一谈话中，他首先考虑的是提供一个让下属安心谈话的环境。

下属不会觉得自己是在被评估，可以轻松地说出自己的烦恼与困惑。

与下属充分沟通，坚持一对一谈话，有以下三个好处。

1. 防止下属突然辞职

越优秀的下属，越容易对千篇一律的工作产生厌倦感。

据我所知，当一个下属对领导者说"其实我对现在的工作已经有些厌倦了，正在考虑辞职"时，领导者心中会十分惊讶。

最后，这位领导者深入了解了该下属今后的发展意愿，将他调到产品企划部，给他提供了新的施展抱负的场所。

所以，一对一谈话有助于对优秀年轻员工的流失防患于未然。

2. 下属更多地"报联商"

一位领导者坚持与一个经常延迟报告工作的下属进

行一对一面谈，建立了信赖关系，后来，该下属一出现不好的情况就会赶紧报告。

建立信赖关系能让彼此的关系不流于表面，还会对实际业务的完成速度、品质等方面产生影响。

3. 下属开始变得充满活力

一对一谈话的最大好处是一切由下属自主思考，自觉行动。尤其在实际的一对一谈话中，上司与下属可以不必在意上下级别，平等交流，下属因此较容易产生"试一试"的意愿。

这些好处绝不会产生于"评估"与"被评估"的氛围，所以，领导者在与下属的谈话中构建轻松自在的谈话氛围非常重要。

第  章

领导者不应该选择的『休息方法』

41

✗	在休息时间"刷"手机
○	在休息时间活动活动身体

不少人在休息时喜欢"刷"手机,如查阅社交软件中的信息,阅读网络新闻等,总而言之,一有时间就会拿起手机。

然而,不少人有这种感觉:原本想在休息时间看看手机,放松一下,却不知为何,休息之后感到更加疲倦。

实际上,在休息时间"刷"手机,只会更疲倦。

休息时本来需要让集中的精神放松下来,

恢复精力，人们却在这段时间把精力集中在别的事情上。

我本身从事写作及出版培训教材的工作，不论状态多好，假如一直伏案工作，脑子也会因为疲倦而停顿。

在这时候，如果趁休息时间"刷"手机，一看到"某某选手自由转会到某球队"的新闻，就会忍不住立刻细细阅读，接着不知不觉开启"网上冲浪"模式，猛然回神，才发现 15 分钟已经过去了。

然后匆忙返回工作状态，工作效率却迟迟无法提高。

不仅如此，我因为集中精神浏览手机新闻，结果脑子变得更加疲倦。

即使不从事伏案工作，领导者也必须每天 24 小时面对公司内外的大小事务，神经一直绷得紧紧的。

作为领导者，大概没有人愿意用难得的休息时间来增加疲劳感。

能干的领导者会在休息时间活动活动身体。

某领导者 A 以前喜欢在休息时"刷"手机，后来改成散散步、做做体操。

他每天都能充分放松精神，休息后也能将精力集中于工作上。

事实上，散步之类的轻度运动对恢复注意力十分有效，这一点已经在科学上得到证明。

所以，在休息时间或工作停滞时，请注意活动活动身体。

即使不因为工作，如今的领导者一天 24 小时也都在被邮件、电话追赶。

我经常听到领导者的呼声：为了在公司外也能查阅邮件，公司为他配备了手机或个人电脑，结果自己陷入 24 小时不停忙碌的状态。

每当领导者强烈地感到需要恢复精力时，可以立刻找一个能够活动身体的环境，或从事自己习惯的、有助于恢复精力的活动。

如果有可能,即使当着下属的面,领导者也可以主动站起身来说:"我去稍微活动一下。"

这么一来,下属也不必为"上司一直坐在办公桌前"而心存顾虑,不好意思离开,有的下属或许还会和领导者一起出去活动。

42

✘ ▶ 不允许自己消沉

○ ▶ 拥有走出消沉的惯用方法

领导者 A 认为"领导者在人前不能消沉"。不管自己内心多么沮丧,他都小心翼翼地不让别人发现,独自忍耐。

领导者当着下属的面消沉,的确会对下属产生不好的影响。不过,人有时还是难免会消沉。

"团队已经好几个月没有完成销售任务了。"

"业绩优秀的下属突然提出辞职。"

"在会议上因为团队状态不佳而被部长追究责任。"

"虽然严重警告了好几次,但下属还是犯了相同的错误。"

这时候,尽管领导者努力表现出"不消沉"的样子,但内心还是会感到失落。

人一旦消沉,工作表现大多会变差。

A一直告诫自己,要装作若无其事的样子,但他的工作表现一直低迷。

这时需要转换一下思维。

重点不在于怎么做到不消沉,而在于如何"尽快从消沉中走出来"。

能干的领导者必定拥有从消沉中恢复的惯用方法。

某部门领导者B认为只要是人就难免消沉。他虽然不会在下属面前抱怨,但是在感到失落时,常常半开玩笑地说:"这令人太失落了""真是受打击啊"。

也就是说,他承认自己正在失落。

不过,要恢复精神,单靠脑子想是做不到的。

所以，B在失落时自有一套解决的办法。那就是回忆最近最开心的一件事，或拿出时间埋头做一些自己喜欢的工作。只要这么做，他自然会从消沉中恢复过来。

从消沉中恢复的办法主要分为以下两大类。

1. 寻找自己积极的一面，认可自己

一个办法是找到自己积极的一面，重新找回自信。

- 自己的强项。
- 过去的成功。
- 目前干得不错的工作。

一个人只要回想起这些，就会产生自信，通过回忆快乐的事，告诉自己"我并不是没用的人"。

2. 从事有成就感的简单工作

上面的方法有助于恢复心情，不过，埋头从事某些"作业"，也是从消沉中恢复的有效办法。

尤其是那些能产生强烈成就感的工作,比如整理费用等简单作业,或自己喜欢的、能全身心投入的事,又或者不必费什么劲就能完成的工作。领导者可以花一点时间做一做这些事。

通过改变行为,自己的心情也会产生变化。只要通过行动获得了成就感,人的心情就会随之改变。

领导者可以用上述两类办法走出消沉。

43

| ✗ | 用休长假的方式解压 |
| ○ | 想办法迅速解压 |

担任领导者是一件很容易有压力的工作。

"还是一个人默默工作时比较轻松，真想回到过去啊。"不少领导者有这样的感慨。

但是，领导者通过带领团队，确实能完成更重要的工作，工作品质也与独自一人做事时完全不同。

近年来，社会变化得越来越剧烈，由于IT的诞生，出现了数不清的全新的工作。

此外，不少企业出现了人手不足的状况，因此人均工作量增加了，工作范围也扩大了。

在现今这个前路不明朗的年代，领导者的作用变得空前的大。

因此，领导者应当不断调整自己的心态，以免积下过多压力。

事实上，能干的领导者和无能的领导者解压的方法也不一样。

无能的领导者常用休长假的办法解压。

领导者A一年有三次长假，其中两次去国外度假，或到欧亚热门观光城市旅游，剩下的一次回家乡与旧时的朋友见面。他用这种办法解压。

这种休假方式本身非常好。我的朋友中也有这样的人。我有个朋友每逢长假就会去夏威夷，他常用"为了下次能再来夏威夷度假，我要努力工作"来激励自己。

另外，在有的公司，如果没有明确的理由，很难请长假，所以，领导者带头休假是很好的。

但是，A在职场中平时积下不少压力，周围的人对他有一点担心。尽管他在长假前后比较有活力，但在其他工作时间则是一副无精打采的样子。

换言之，靠休长假很难消除平日积累的压力。

因此，利用周六日进行更频繁的解压就变得很有必要。

有的人周末驾车兜风，泡温泉，冲浪，做瑜伽，学习喜爱的陶艺……尽管如此，周一到周五还是没有时间解压。

因此，**能干的领导者必定有一套及时消除压力的办法**，他绝对不会把今天的压力留到明天。

譬如，"阅读喜欢的书""逛喜欢的书店""去喜爱的咖啡馆坐一坐""去高处眺望风景""去绿色环绕的地方走一走""去看看海"，诸如此类。

重点是尽可能找到可以独自解压的办法，因为靠别人解压，有可能会给别人带来困扰。

不仅在工作结束后，能干的领导者在工作过程中也能及时解压，如悄悄地去附近的便利店吃一点甜点，或者散散步。

一有压力就尽可能及时消除，这是能干的领导者对自己的要求。

结束语

感谢各位读者读完本书。

最后我有一句话想对各位读者说,那就是"不论遭遇多大的失败,也绝对不要放弃领导者的职务"。

我见过许多能干的领导者,无论多么高明的经营者与管理者,无一不经历过大量失败。

因此,不论遇到什么挫折,只要不放弃,坚持到最后,你就能成为一流的领导者,这是我的切身体会。

另外,我在撰写本书的过程中,还看见不少人成了能干的领导者。其中,有的人告诉我一些值得高兴的好消息,比如"团队在公司里获得了最高的荣誉""半年内销售业绩迅速得到了改善""离职率降低了""下属开始自觉工作了"等。

其实,他们中的一些人一开始对我讲的话持半信半疑的态度。尽管如此，他们还是做出了很好的成果，这是因为他们抱着"先试试看"的心态，不放弃，坚持实践。

让我感到最可惜的是，有些领导者因为一时受挫，就放弃自己的职务。

诚然，领导者的技能不会立刻见效。我也知道，许多领导者觉得自己一直没有成长，为此而痛苦。但是，只要朝着心中理想的领导者形象不断前进，就一定能够成长。

因此，本书所写的内容哪怕一项也好，如果有你感兴趣的，请先坚持把它做下去。这是成为一流领导者的第一步。

如果本书能成为你提升个人或带领团队走向康庄大道的契机，身为作者，我将感到无比荣幸。

另外，如果你在阅读后有任何感想，请在 Instagram 或 Twitter 等社交平台上留言，并打上"＃吉田幸弘"的标签。我会一直真诚地等待各位读者告诉我，在践行了书中所写的内容后，情况有了怎样的转变，发生了怎样的事。

最后，在撰写本书的过程中，我得到了许多人士的关照。尤其是 PHP 研究所的宫胁崇广先生，我想借此机会由衷地向他表示感谢。我也衷心感谢各位合作伙伴及一直支持我的诸位。

期待有一天能与尚未谋面的读者见面。

吉田幸弘
2019 年 2 月

作者简介

吉田幸弘

REFRESH COMMUNICATIONS 法人代表，沟通设计师、人才培养顾问、高管教练。

生于 1970 年，毕业于成城大学，之后在大型旅行社、知名学校就职，后转入外资企业。因为与身边的成员缺乏良好沟通，曾经被公司降职。在即将被解雇时，他在朋友的介绍下学习了"谈判术"，销售业绩发生了巨大的变化，5 个月连续取得销售业绩第一，再次被提拔为管理者。之后，他领导的部门离职率只有其他部门的 1/10，销售额增长率保持在 20%，个人在企业中连续 3 年被评为 MVP。后来在公司外部他也以咨询师和企业教练的身份大显身手。2011 年独立创业，成立公司。

他现在从事面向经营者及中层管理干部的人才培养、团队建设、销售改进等咨询业务，在全日本的企业、工商会所、法人协会等一年举办 130 多场讲座和学习班。因为讲课内容简单易懂、实用性强、容易落地而广受好评。他的宗旨是"只要自己改变,别人就会改变"。

他的著作有《不懂说话,你怎么带团队》《带人要同频,管人要共情》《先学说话,再带团队》《工作这么干,团队这样带》等。

2021年最新版
"日本经营之圣"稻盛和夫经营学系列

马云、张瑞敏、孙正义、俞敏洪、陈春花、杨国安　联袂推荐

序号	书号	书名	作者
1	9787111635574	干法	【日】稻盛和夫
2	9787111590095	干法（口袋版）	【日】稻盛和夫
3	9787111599531	干法（图解版）	【日】稻盛和夫
4	9787111498247	干法（精装）	【日】稻盛和夫
5	9787111470250	领导者的资质	【日】稻盛和夫
6	9787111634386	领导者的资质（口袋版）	【日】稻盛和夫
7	9787111502197	阿米巴经营（实战篇）	【日】森田直行
8	9787111489146	调动员工积极性的七个关键	【日】稻盛和夫
9	9787111546382	敬天爱人：从零开始的挑战	【日】稻盛和夫
10	9787111542964	匠人匠心：愚直的坚持	【日】稻盛和夫 山中伸弥
11	9787111572121	稻盛和夫谈经营：创造高收益与商业拓展	【日】稻盛和夫
12	9787111572138	稻盛和夫谈经营：人才培养与企业传承	【日】稻盛和夫
13	9787111590934	稻盛和夫经营学	【日】稻盛和夫
14	9787111631576	稻盛和夫经营学（口袋版）	【日】稻盛和夫
15	9787111596363	稻盛和夫哲学精要	【日】稻盛和夫
16	9787111593034	稻盛哲学为什么激励人：擅用脑科学，带出好团队	【日】岩崎一郎
17	9787111510215	拯救人类的哲学	【日】稻盛和夫 梅原猛
18	9787111642619	六项精进实践	【日】村田忠嗣
19	9787111616856	经营十二条实践	【日】村田忠嗣
20	9787111679622	会计七原则实践	【日】村田忠嗣
21	9787111666547	信任员工：用爱经营，构筑信赖的伙伴关系	【日】宫田博文
22	9787111639992	与万物共生：低碳社会的发展观	【日】稻盛和夫
23	9787111660767	与自然和谐：低碳社会的环境观	【日】稻盛和夫